中央高校基本科研业
Fundamental Research Fun

U0516994

供货风险下库存冗余和备用供应商策略研究

陈俊霖 著

Extra-Inventory and Dual-sourcing Strategies for Systems Subject to Supply Risk

中国财经出版传媒集团

经济科学出版社
Economic Science Press

图书在版编目（CIP）数据

供货风险下库存冗余和备用供应商策略研究/陈俊霖著.
—北京：经济科学出版社，2017.11
ISBN 978－7－5141－8792－2

Ⅰ.①供⋯　Ⅱ.①陈⋯　Ⅲ.①供应链管理－库存－研究
Ⅳ.①F253

中国版本图书馆 CIP 数据核字（2017）第 307317 号

责任编辑：王　娟　张立莉
责任校对：杨晓莹
责任印制：邱　天

供货风险下库存冗余和备用供应商策略研究
陈俊霖　著
经济科学出版社出版、发行　新华书店经销
社址：北京市海淀区阜成路甲 28 号　邮编：100142
总编部电话：010－88191217　发行部电话：010－88191522
网址：www. esp. com. cn
电子邮件：esp@ esp. com. cn
天猫网店：经济科学出版社旗舰店
网址：http://jjkxcbs. tmall. com
北京季蜂印刷有限公司印装
710×1000　16 开　8.25 印张　140000 字
2017 年 11 月第 1 版　2017 年 11 月第 1 次印刷
ISBN 978－7－5141－8792－2　定价：29.00 元

前　言

　　随着全球化经济的发展，顾客对产品的期望值持续提高，产品生产周期不断缩短。日益加剧的激烈竞争让企业生存的经济环境变得愈发不确定。在复杂的经济和市场环境下，供应链中各个环节隐藏的风险已成为决策者不得不面对的问题。围绕供应链系统风险管理的理论研究和实践应用，随之逐渐成为学术界和企业界关注的焦点。在实践中，企业通常保有额外库存和备用供应商应对可能的供货风险。在此背景下，从系统角度出发，针对库存冗余策略和备用供应商策略展开研究是十分必要的。

　　本书分别针对单节点、多节点供应链系统，设计最优订货策略以及上下游企业的博弈合同，探讨决策者的风险态度和公平偏好对最优策略实施的影响。主要研究成果如下：

　　首先，在连续盘点的单节点库存系统下，考虑上游企业供货中断风险，分别针对缺货不补和缺货回补的情况，构建了经济订货批量模型。区别风险中立型决策者和具有反 S 型权重风险厌恶型决策者，分别刻画了其最优订货策略性质。运用理论模型分析和仿真实验方法，比较分析了风险中立型决策者和风险厌恶型决策者最优订货策略的差异，指出风险厌恶型决策者通过一味地增加订货批量应对风险不是明智的选择。

　　其次，针对单个销售季节中的两级供应链系统，零售商从供应商处订货以满足市场需求，供应商基于零售商的订单决定生产量。构建了斯坦伯格模型分析零售商的最优订货量和供应商的最优生产量。研究结果表明，供应链在理性模型下仅能在极端情况下达到协调，不具备现实意义；而当供需双方或一方为风险厌恶时，供应链整体效率获得了提高，供应链可达到协调。

　　再其次，针对单个销售季节的一对二供应链系统，分析了生产商与常规供应商的订货决策问题以及与备用供应商的期权合约谈判问题。采用双供应商策略来应对供货风险，常常从不可靠但价格低廉的常规供应商处正常供货，并从完全可靠但价格高的备用供应商紧急供货。通过设计有偿实验证明了备用供应商具有横向公平性偏好，且生产商了解到这一点，在其决策时也有所考虑。构建引入备用供应商横向公平偏好的斯坦伯格博弈模型，在备用供应商为完全利己与有横向公平偏好的情况下，比较分析了供应链上各方的最优决策。研究结论表明，从生产商的角度，文献中常见的紧急备货策略仅适用于完全利己备用供应商，不具备实际意义；从备用供应商的角度，其横向公平偏好"双刃剑"效应明显，于己有利有弊。

在此基础上，进一步考虑了决策者的学习效应，通过区别设计个体自我学习以及社会学习的实验环境，对比考察备用供应商的公平关切程度，以及制造商和备用供应商学习曲线的特点。实验结果支持了学习效应存在的假设。随着经验的增加，整体上备用供应商拒绝率逐渐降低，制造商的策略逐渐集中。在个体自我学习和社会学习实验环境下，备用供应商的横向公平关切程度均较为显著，社会信息共享对备用供应商的横向公平关切偏好无明显影响。

最后，针对具有供货中断风险的周期性盘点库存系统，在备用供应商仅提供有限的供货产能、订货成本由固定部分和线性部分组成的条件下，构建了有限期和无限期动态规划折扣总成本模型。通过模型分析得到目标函数的 CK 凸性质，描述了系统的最优订货策略为状态依从的 $X-Y$ 界限结构，并给出 X 和 Y 的计算上下界。此外，设计了该问题的算法，并通过数值实验分析了系统参数对成本和最优决策的影响，研究结论对库存管理实践有参考意义。

本书内容共分为七章，从概念、模型建立，到仿真实验、有偿实验设计，本书在国内外最新文献研究的基础上，总结并创新性地研究了供货风险下常见的应对策略。本书适合于物流、管理、营销等专业的研究生学习使用，也适用于相关专业的教师、研究人员，以及行业内企业人员阅读、参考和借鉴。本书一部分内容为作者主持的国家自然科学基金青年项目（项目号：71401195）阶段性研究成果，在此对国家自然科学基金委对本研究的资助表示衷心的感谢！限于作者的学术研究水平有限，所存在的不足之处敬请各位读者批评指正。

目　　录

第 1 章

引　言

1.1　课题背景

现代社会信息技术与经济的快速发展，促使产品和服务供应链的内部结构复杂化，成员之间相互影响和关联程度深化。企业面对的风险隐藏在供应链上各个环节，环境、行业、组织和决策者偏好等变量以及变量之间的交互作用使得风险管理实践者面临严峻的挑战，也成为现代供应链管理的研究热点。柏亚天（PRTM）管理咨询公司的一项调查发现"对关键产品提供实时供货（On - time delivery）和保有单个供应商是供应链全球化面临的主要风险来源"。麦肯锡咨询公司对其客户做过调查，指出约 2/3 的业务高管认为所在公司在过去 5 年内供应链相关风险事故显著增加，公司在制订战略/运营计划时已将可靠性作为前三个最重要的因素之一予以重视。

很长时间以来，供应链研究和实践都致力于市场需求端的风险管理，如基于不确定需求的决策分析，需求预测等。然而，企业面临的风险不仅存在于下游的市场需求，还存在于上游的原材料供应环节[139]。上游供应风险的冲击对企业运营造成的影响有时是巨大的。例如，2007 年，波音公司（Boeing Co.）试图推出波音 787 梦幻线（dreamliner）。由于 787 梦幻线机身部分的供应商—沃特飞机工业公司（Vought Aircraft Industries）发生供货中断，波音公司不得不延迟生产波音 787 长达 6 个月。波音 787 的延误产出，波音公司在 2008 年赔偿其客户和供应商不低于 25 亿美元[57]。2011 年 8 月，伦敦暴乱，烧毁了索尼在英国最大的恩菲尔德（Enfield）仓库。全英国独立音乐的唱片均供应于该仓库，此次火灾给多达 150 家独立商标的唱片公司带来毁灭性的产业链断裂[21]。

一般来说，上游的供应风险形式多种多样[33]，例如，突发供货中断、供货延迟、系统风险、预测风险、知识产权风险、价格风险、应收款风险、库存风险以及生产能力风险等。本书基于库存系统针对供应商的供货风险进行研究。供货风险可根据其引发原因不同，分为两类[143]：一般供应量不确定风险（yield uncertainty）和供货中断风险（supply disruption）。一般供应量不确定风险（后称一般供货风险）发生相对频繁，如供应商由于生产线的工艺变动而仅能满足部分制造商的订单，或货物在生产运输过程中，部分货品出现质量问题等。供货中断风险发生概率相对较低，引发原因通常是意外灾害、系统故障、供应商财政问题等突发事件，发生供货中断后，供应商在一段时间内完全不能满足订单。

供货风险对企业绩效及其供应链上的合作伙伴产生的影响取决于风险的种类、企业所采取的风险准备、预防措施和在风险发生后的应对水平。一般来说，供货风险可能引发企业生产能力不足从而导致需求断裂，因此研究供货风险可引申为研究供应与需求不相匹配的问题[135]。

乔特纳（Jüttner）[80]通过定量调研和定性小组讨论的方式对英国137家公司的供应链风险管理现状进行了调查。行业范围涵盖了快速消费品行业、第三方物流服务提供商、制造或者生产型公司等，调研的部分公司名称及所在行业如表1-1所示。作者指出44%的企业认为在未来5年供应链的脆弱程度会急剧增加，然而公司所采取的措施仍然处于起步阶段。

表1-1　　　　　乔特纳调研的部分公司名称及行业[10]

行业	公司名称
咨询和信息技术 （consultancy and IT）	Andersen；SAP
制药（pharmaceutical）	Astra Zeneka；Glaxo Smith Kline
航天（aerospace）	BAE；Eastern Aeorspace Alliance
酿造（brewing）	Bellhaven Brewery
汽车制造（automotive）	BMW
快速消费品 （fast moving consumer goods）	Colgate Palmolive； Unilever Bestfoods Nutrica；McCormick
零售（retail）	Waitrose
物流（logistics）	Excel

行业	公司名称
烟草（tobacco）	Gallaher
办公设备（office equipment）	Xerox；Pitney Bowes
银行（banking）	HSBC
喷涂（painting）	ICI Paints
军事（military）	RAF

实际操作中，企业会通过增加库存来预防潜在的供应危机。例如，联合利华（Unilever）公司与波多黎各的各家工厂签订协议时，把北美的 Q 牌棉签的安全库存量提高了 10%。备用一定的冗余库存可以应对供应中的波动，但保有多余库存不仅占用资金，对这些部件进行妥善的管理也是需要解决的问题，如食品一旦被储存多日则会过期报废，带来的高昂成本不能忽视。一些企业则选择保有备用供应商。例如，摩托罗拉公司会采用第二个甚至第三个供应商来预防供应风险的发生。备用供应商策略能提供冗余的准备。当供应风险发生时，能够通过灵活更换供应商以应对危机。实践中，备用供应商可用的临时产能有限，作为第二选择的供应商可能不愿意提前投资或者承担额外的费用，来帮助一个并不把它作为第一选择的客户。运用备用供应商策略也不能完全保证供货可靠性。即便如此，库存冗余和备用供应商策略在应对供货危机上仍然有显著优势。

对于企业决策者而言，一方面希望储备风险应对能力，以减轻或避免供货风险发生带来的损失，且对企业常规运作有益；另一方面则不希望过度冗余投资导致大量成本投入。因此，如何设计恰当的库存水平和备用供应商合同是企业决策者面临的实际问题。企业并非完全理性的组织，如经典运作管理研究所假设的完全利己、风险中性，而是会表现出一些行为偏好，如企业本身和供应链伙伴的风险态度（风险厌恶/风险追逐），社会偏好如公平偏好等。在决策优化模型中恰当地引入行为偏好，可使得决策建议更贴近实际情况，应用范围也更为广阔。产品从生产到销售的实体流动过程中，每个环节都可以看作是物品的集结点，实质上就是库存点。物品流动的整条供应链，可被抽象成为一个库存系统。本书针对库存系统建立优化模型，通过理论工具和实验方法研究企业面对供货风险的应对策略，特别探讨了冗余库存和备用供应商策略。本书的研究结论是对现有供应链风险管理理论体系的丰富和补充，可为决策者风险管理实践提供有效的辅助支持，提高企业风险管理水平。

1.2 研究内容

本书分别在单期和多期库存系统中讨论了库存冗余策略和备用供应商策略，如图 1 – 1 所示。

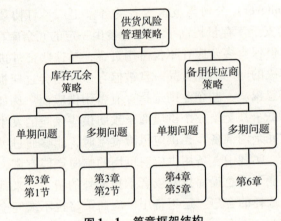

图 1 – 1　篇章框架结构

针对库存冗余策略，首先分析了一类常见的两级供应链，由单供应商和单零售商组成，其中供应商具有一般供货风险。考虑单个销售季节的决策问题。零售商从供应商处订货以满足市场需求，供应商为零售商定制生产（make-to-order），基于零售商的订单量决定生产量。采用特沃斯基（Tversky）和卡尼曼（Kahneman）[147]提出的单参数反 S 型概率权重函数描述供需双方的风险态度。通过构造斯坦伯格博弈（Stackelberg game）模型，分别分析了有限理性供应商，完全理性零售商；完全理性供应商，有限理性零售商；有限理性供应商，有限理性零售商三种情形，并与供需双方完全理性的情形作了对比研究。通过模型分析得出了上述四种情形（包括完全理性时）的最优订货量和最优生产量的理论解。通过数值例对供需双方的决策情况和供应链的绩效进行了直观的描述。

对于连续盘点的单节点库存系统，讨论了供应商的供货中断风险。采用普雷莱茨（Prelec）提出的双参数反 S 型概率权重函数描述决策者的风险态度[121]。这里讨论的概率不是指供货中断风险发生的概率值，特指决策者更关注的当库存水平到达再订货点时，供应商的状态为中断并不能供货的概率。基于经典的 EOQD（Economic Order Quantity with Disruption）模型，分析决策者的风险态度对最优订货量的影响。分别考察了缺货不补和缺货回补的情况，对应订货策略为 ZIO（Zero Inventory Order）策略和 Non – ZIO 策略。通过模型分析，得到了概率权重函数为关于订货量递增凹的性质，并通过大规模仿真实验比较分析了考虑风险态度的 EOQD 模型与经典 EOQD 模型的最优订货量、再订货点以及系统成本的差异。

　　针对备用供应商策略，讨论了由常规供应商、备选供应商和生产商组成的供应链，分别研究了单个销售季节以及周期盘点的库存系统。这里备用供应商策略指系统中常规供应商不可靠但价格低廉，为了应对常规供应商的供货风险，系统采用可靠但高价的备用供应商紧急备货（contingent-rerouting strategy）的策略[143]。考虑到供货风险的发生特点，在单期问题中讨论常规供应商的一般供货风险，在周期盘点的库存系统中讨论常规供应商的供货中断风险。

　　在单期问题中，采用备用供应商紧急备货往往需要备用供应商具有一定的柔性，能较快地组织生产[145]。本书中，假设备用供应商要求生产商提前预订一定的生产能力，后续的订单需不超过预定的生产能力。预订费用依据预订的能力而定。生产商与常规供应商的合约包括订货量，与备用供应商的合约包括预订量和预订费用。分析完全信息的情形，比如，很多上市公司需要定期披露大客户的总销售额，上下游企业可通过销售额了解合约情况。备用供应商与生产商谈判时，假设已知道生产商与常规供应商的合约信息。该信息可对备用供应商决策（接受或拒绝合作）产生影响，如引发横向公平关切比较。实际上，即便是备用供应商不清楚常规供应商持有合约的准确信息，也会通过紧急备货的流程引发比较心理。本书将备用供应商的横向公平关切引入模型中，通过构建斯坦伯格博弈模型，分析刻画作为主导者的生产商和作为跟随者的备用供应商的决策优化问题。进一步基于该三人供应链，区别设计个体自我学习以及社会学习的实验环境，构建了引入公平关切的强化学习模型，对比考察备用供应商的公平关切程度，以及制造商和备用供应商学习曲线的特点，并分析了信息共享对备用供应商的横向公平关切偏好的影响。

对于周期盘点的单节点库存系统，常规供应商有供货中断风险，采用马尔科夫过程刻画常规供应商的正常供货与供货中断的状态转移过程。考虑备用供应商仅能保留有限的产能情况。在系统订货成本包括固定成本部分和线性成本部分的情况下，建立了总库存成本折扣模型，刻画了系统的最优订货策略的结构性质，并分析了供货中断对系统成本及最优订货量的影响。

本书创新点包括：

1. 在采用库存冗余策略应对供货风险时，引入决策者的风险态度到优化模型中。具体而言，率先将反 S 型权重偏好引入到一类常见的两级供应链系统和采用经典 EOQD 补货模型的连续盘点库存系统中，使得优化模型的结论更贴近实践。

（1）在单期问题中，供应商有一般供货风险时，引用反 S 型权重函数刻画供需双方或一方对一般供货风险分布函数赋予的心理权重，采用斯坦伯格模型分析有风险态度的供需双方的博弈，刻画了最优订购量和最优计划生产量。研究结论表明，当供需双方完全理性时，供应链可达到协调的条件较为极端，没有现实意义；但是当供需一方或双方有风险态度时，供应链有可能达到协调，从而为决策者在实际情况下的决策行为提供理论支持。

（2）在连续盘点库存系统中，供应商有供货中断风险时，引用反 S 型权重函数刻画决策者对库存水平到达再订货点时，供应商发生供货中断的概率所赋予的心理权重，构建了对应的 EOQD 库存模型。分析结论表明，在缺货不补（ZIO 策略）的情况下，风险厌恶型库存决策者一味地增加订货量并不是明智的选择；在缺货回补（Non-ZIO 策略）的情况下，风险厌恶型库存决策者应减少订货量增加订货频率。

2. 针对备用供应商策略，分析备用供应商可能与常规供应商比较引发的横向公平关切行为，构建了优化模型，分析供应链上各成员的最优决策，并通过组织由人扮演的实验为理论模型提供了有力的实证支持。

（1）在单期问题中，考虑常规供应商具有一般供货风险，在采用备用供应商紧急备货时，备用供应商可能会萌生横向公平比较。通过构建斯坦伯格模型，分析与常规供应商的最优订货决策以及与备用供应商的合约设计问题，从而为决策者提供理论支持。当采用备用供应商应对供货风险时，需要恰当地考虑备用供应商的横向公平偏好，从而制定合适的应对策略。比如，常规供应商的可靠性并不是如完全利己模型中预测的越高越有利，并且完全利己模型中所提出的紧急备货策略实际上并不总是最优的。

从备用供应商的角度，具有公平偏好获得更多的利益是有条件的，一些情况下，也会得不偿失。根据所考察的供应链结构组织了有偿实验，通过招募被试进行角色扮演。实验结果显示，备用供应商与常规供应商的横向公平偏好行为显著，并且生产商作决策时也会一定程度地考虑备用供应商的横向公平偏好行为。

（2）在供应链环境下兼顾公平关切行为和学习效应的研究还比较欠缺。本书从学习效应的角度分析系统决策的变化，以及不同学习环境下横向公平关切行为的特点。实验研究结果支持了学习效应存在的假设。一方面，被试的决策时间和备用供应商的整体拒绝率符合学习效应中"实践的幂定律"的特征；另一方面，制造商的策略逐渐集中也体现了个体在过去某个决策带来的良好结果，在未来的决策中会更倾向于这个决策的学习特性。通过构建引入公平关切的强化学习模型对公平因子、遗忘效应参数进行估计，结果表明备用供应商的横向公平关切程度在两组实验环境下均较为明显，而遗忘效应仅在社会学习实验环境下表现显著。

3. 针对备用供应商策略，在传统的周期盘点库存系统中应对供货中断风险时，分析备用供应商有能力约束、订货成本包括固定成本部分和线性成本部分的情况下，系统的最优订货策略结构。

具体而言，系统的最优订货策略描述为状态依从的 $(X(i)，Y(i))$ 分段（band）结构，通过刻画 $X(i)$ 和 $Y(i)$ 的理论界并设计针对性的算法，为模型计算带来了很大方便。通过数值实验考察了系统参数对系统成本和最优决策的影响，得到的结论为库存管理者提供决策辅助有一定的参考意义。例如，管理者不仅要考虑常规供应商的供货可靠性，其敏捷地应对突发事件的能力也是需要重点关注的。一般情况下，只有在备用供应商的供货能力特别弱的时候，系统成本对其才是敏感的，也即，备选供应商的能力条件不需满足常规供应商中断期间的所有需求量的要求。当从常规供应商可正常供货时，备用供应商的价格对系统的最优决策以及成本的影响均较小，也即，采用备用供应商应对供货中断风险不会给系统正常运行带来大的成本增加。

1.3 章 节 结 构

全书共分为 7 章。

第 1 章为"引言"。介绍本书的课题研究背景，提出研究问题，简述主要研究内容，列明创新点和文章结构。

第 2 章为"文献综述"。对供货风险相关文献和决策者行为偏好相关文献进行综述。

第 3 章为"具有反 S 型权重风险偏好的库存与供应链系统"。研究内容分两节进行。首先分析一类两级供应链，研究单供应商和单零售商的生产和订货决策的单期问题。研究了四种情形的斯坦伯格博弈模型。针对每种情形分析零售商的最优订货量和供应商的最优生产量，并分析供应链的效率。然后分析长期运行的连续盘点系统，考虑供应商的供货中断风险，构建 ZIO 和 Non-ZIO 策略下的决策者具有反 S 型权重风险偏好的 EOQD 模型，并通过仿真实验分析比较了此模型和经典 EOQD 模型的最优解的性质。

第 4 章为"备用供应商有横向公平偏好的库存与供应链系统"。考虑了双供应商策略会引起备用供应商的横向公平偏好，构建了斯坦伯格博弈模型，分析作为主导者的生产商和作为跟随者的备用供应商的最优决策。基于此模型设计了有偿实验为理论模型提供实证支持。

第 5 章为"考虑公平关切的学习效应行为的库存与供应链系统"。研究备用供应商的横向公平关切行为与系统中决策者的学习效应。通过区别设计个体自我学习以及社会学习的实验环境，对比考察了备用供应商的公平关切程度，以及制造商和备用供应商学习曲线的特点。

第 6 章为"备用供应商有能力约束的周期盘点库存系统"。研究周期性盘点的库存系统，常规供应商有供货中断风险，备用供应商有能力约束。刻画有固定订货成本时，系统最优订货策略的结构性质，并针对性地提出了算法和分析了数值例。

第 7 章为"结论与展望"，总结全书并提出对未来研究工作的展望。

第 2 章

文 献 综 述

　　本章回顾了具有供货风险的库存系统相关文献，分别对"一般供货量不确定风险"和"供货中断风险"进行综述。决策者可以是为一个销售季节准备库存，也可以是面对长期运行的库存系统。库存系统可只由单一节点组成，也可由多节点依一定结构组织而成，形式多样。针对不同库存系统类别，库存模型也不尽相同。单个销售季节可建模为单期库存问题，长期运行库存系统则可建模为有限多期问题和无限期问题（如果运行时间足够长）。若决策者依一定周期如天、周、月或年盘点系统内库存并作相应的补货决策，则建模为周期性盘点库存模型。若决策者借助信息化等手段实现实时盘点库存并作补货决策，则建模为连续盘点库存模型。文献中关于库存模型有丰富的研究成果，推荐参考斯普肯（Zipkin）于 2000 年出版的《库存管理基础》（*Foundations of Inventory Management*）专著[160]。

　　在既有研究工作的基础上，本书提出研究专题，专注于考察企业运用库存冗余或者备用供应商策略应对供货风险的优化决策，并考虑决策者风险态度、公平关切行为的影响。本章对决策者风险态度、公平关切行为的相关文献进行了综述。

2.1　供货风险

　　供货风险是发生在供应链内部（internal to the⋯y chain）的一种风险形式，来自于供应商活动的不确定，广义上采购方不能满足顾客需供应市场供货失败的事件发生的可能性，⋯斯蒂森（Zsidisin）[161]的定求或者对顾客生命或安全造成威胁"[161]⋯念，也即供货风险是由损失义，随机事件发生的概率和后果为⋯

9

的概率（probability of loss）和损失的显著性（significance of loss）的组合构成。

根据供货风险的引起原因不同，其表现形式也不一样，"一般供货风险"为企业生产运营过程中经常出现的一类风险形式，"供货中断风险"特指发生概率较低，但影响力较大的风险形式，如图 2 - 1 所示。决策者则需依据供货风险的特点而制定对应的管理措施[136]。下面对一般供货风险、供货中断风险在库存系统中的研究文献分别进行回顾。

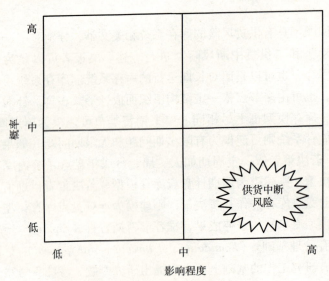

图 2 - 1　风险分类组合：布林德利（Brindley）[28]

2.1.1　一般供货风险

一般货风险在产业界各类库存系统中很常见。电子产品工业中半导体生产不合率可高达80%[100]。在化学生产、再制造工业的拆卸操作中生产不合格率普遍较高。产业界对此问题的关注升温增加了学者们研究此课题的兴趣。据问题背景不同，文献中对一般供货风险的刻画方式有所不同，常见的有：

（1）供货量服从种方式[158]：应量以 p 的概率为 Q，叫分布[11,29]：在订货量为 Q 的情况下，实际供应量以率抽的概率为 0。

（2）引入供货比率应量，通常称之为随机比例供应（stochastically proportional yield)[71,150]：在订货量为 Q 的情况下，实际供应量为 $X \cdot Q$，其中供货比率 X 与定货量无关，一般情况下在区间 $[0, 1]$ 之间取值。

（3）仍然用供货比率描述实际供应量，但与随机比例供应的区别在于，供货比率 X 依赖于订货量 Q[72,32]。

（4）供货能力随机（random capacity），实际供货量为订货量与实现能力比较取小[150,34]：在订货量为 Q 的情况下，实际供应量为 $\min\{Q, C\}$，其中 C 为随机供货能力。

关于一般供货风险在库存系统中的研究综述可参见亚诺（Yano）和李（Lee）[30]，格罗斯费尔德—奈（Grosfeld – Nir）和基尔卡克（Gerchak）[58]。

在单节点库存系统中引入一般供货风险的研究可追溯到卡琳（Karlin）于 1958 年发表的文章[89]。之后基于报童（Newsvendor）模型，基于连续性盘点的库存系统，以及基于周期性盘点的库存系统下研究供货风险的成果不断涌现。

赫宁格（Henig）和基尔卡克[71]讨论考虑线性订货成本的周期盘点库存系统的最优订货策略，刻画策略为基准库存策略（order-up-to policy），即当初始库存水平低于临界值时补货，而高于临界值则不补货。王和基尔卡克[150]分析周期盘点生产库存系统，考虑系统面临随机能力、随机需求和随机产出率的特征。作者指出最优订货策略为单参数策略，但并不是基准库存策略的形式。马特（Mart）等人[105]研究周期盘点的自由销售（discretionary sales）生产库存系统，系统具有有限的产能且生产量不稳定。作者假设预定的销售价格每期独立（可能不相等），下游需求每期随机独立。这里自由销售是指，当期的需求可以由当期库存满足，也可以持有库存并由下期的生产量满足，或者不满足。后两种情况会发生缺货成本。作者刻画了系统的生产决策最优策略为修正基准库存策略（modified order-up-to policy）。闫（Yan）和刘（Liu）[156]考察周期盘点有能力限制的库存系统。该系统面临随机需求，假设缺货不补（lost-sales），并且系统具有一般供货风险，该风险用随机比例模型刻画。作者构建了多期动态规划模型，通过极小化多期折扣总成本，刻画出最优订货量和自由销售策略的结构性质。英德福尔斯（Inderfurth）和福格尔格桑（Vogelgesang）[79]基于周期性盘点的库存系统，分析安全库存决策以应对一般供货风险。作者在提前期为 0 的情况下提出了静态安全库存的确定方法，对于提前期不为 0 的情况，作者指出安全库存需每期动态决策。

李（Li）等人[99]基于赫宁格和基尔卡克[71]的模型提出了高效的启发式算法。波尔—拉普伽达（Bollapragada）和莫尔顿（Morton）[22]考察了单产品周期盘点库存系统，系统面临随机需求，一般供货风险用随机比例模型刻画，缺货回补（back-orders），并提出了三种启发式计算方法。加（Huh）和纳尔简（Nagarajan）[76]基于周期盘点库存系统分析 LIR（linear inflation rule）策略的启发式算法。陶（Tao）等人[140]研究周期盘点的再制造生产库存系统，分析系统每期成品订货量、核心配件生产量的优化决策。系统面临随机成品需求、随机核心配件退回量和随机核心配件再生产合格率。作者构造多期随机动态规划模型，通过分析指出很难刻画出最优策略的结构性质，最后作者提出了一个简单易行的启发式算法。

上述文献均在单供应商库存系统中考察如何决策合适的订货量以应对一般供货风险。文献中关于一般供货风险在双或者多供应商的库存系统中的研究相对较少。实践中，管理者通常会采用异质的供应商，如价格有差异，可靠度有差异的多个供应商以提高应对风险的能力[131]。达达（Dada）等[37]人基于报童模型，分析了供应商的成本差异和可靠度差异对订货量与服务水平的影响。作者指出考虑不可靠供应商报童模型下的最优解结构性质，与供应商可靠但供货能力有限制的报童模型下的最优解结构性质一致。帕拉尔（Parlar）和王（Wang）[118]考虑了两个不同价格和不同可靠度的供应商，供应商的供货比率用随机分布刻画，分布的均值和方差有所差异。作者分别研究了报童模型、经济订货批量（economic order quantity）模型，通过极小化成本分析最优订货批量的性质。纽迪（Anupindi）和阿克拉（Akella）[11]针对双供应商下的周期盘点库存系统，设计了三种供货模式：订单或在当期以 β 的概率供应，或在下期以 $1-\beta$ 的概率供应；订单在当期以随机比率供应，未供应的订单下期不补；以及订单在当期以随机比率供应，未供应的订单下期回补。作者刻画了最优订货策略为双参数模式：在第 n 期，当初始库存大于 u^n 时，不订货；当初始库存小于 u^n 且大于 v^n 时，仅从一个供应商处订货；当初始库存小于 v^n 时，从两个供应商处均订货。王等[152]比较分析了增加投入以提高供应商的可靠度（面临投入无效的风险）策略和双供应商策略（从更贵的供应商处补货）的优劣。作者指出当供应商的成本差异性较大时，双供应商策略好于提高原供应商的可靠度策略，而当供应商的可靠性差异较大时，改进原供应商的可靠度策略更优。费德尔衮（Federgruen）和杨（Yang）[44]除了考虑供应商的成本差异和可靠度差异之外，还考虑了供应商的供货能力差异。作者同时构建了服务水平约束模型和总成本极小模型以研究供应商选择和单期库存决策问题。汤姆林（Tomlin）[144]假设供货不确定风险服从伯努利（Bernoulli）分布，采用贝叶斯模型（Bayesian）分析讨论双供应商下的单期订货库存系统。

一般供货风险除了影响到单一节点外，对供应链上各方均可能造成影响。一些学者针对一般供货风险对供应链上各方协调的问题进行了研究。文献中大都基于一类常见的两级供应链：单供应商与单零售商（或生产商）构成的两级供应链，供应商有一般供货风险，零售商面临随机或确定性需求。何（He）和张（Zhang）[69]基于此类两级供应链，提出了风险均摊合约，使得一般供货风险引起的损失由供应商和零售商共同承担。彭红军和周梅华[5]分别考察了生产商主导、零售商主导的斯坦伯格博弈模型和纳什（Nash）博弈模型。在徐（Xu）[155]中，零售商运用期权合约，即在随机需求实现之前向供应商提交期权订单，以应对供应商的一般供货风险和价格波动风险。作者分析了供应商的最优生产量并刻画了制造商最优订货量满足的结构性质。英德福尔斯（Inderfurth）和克莱门斯（Clemens）[78]考察了批发价格合约在此类两级供应链中的应用。作者指出与单供应商和单零售商构成的两级供应链（供应商可靠，无一般供货风险）一样，批发价格合约并不能协调供应链（双重边际效应[24]），当分散决策的供应链效率与集中决策相等时，供应链的全部利润会被供应商或零售商一方获得，另一方则没有激励动机签订合约。古尔勒（Gürler）和比尔吉克（Bilgic）[62]研究一个分散决策的装配系统（assembly system），系统面临随机需求和一般供货风险。作者指出由装配系统和供应商组成的两级供应链期望总收益函数为凹函数，且凹函数的性质与系统保有的供应商数量无关。作者提出了两个合同可以强制协调供应链。古梅斯（Gumus）等人[60]分析由一个买方（生产商）两个卖方（供应商）组成的考虑单销售季节的供应链库存系统。作者假设两个供应商均不可靠，有不同程度的全有或全无的（all‑or‑nothing）供货风险，该风险采用伯努利分布进行刻画。供应商通过竞争价格以获得生产商订单量的分配额度。作者分别考虑了供应商可靠度为供应商私有信息和公开信息的情况，并从理论上分析了供应商的均衡合同，以及生产商的采购策略。

本书在现有文献研究基础上，引入决策者的反 S 型权重偏好，通过建立优化模型，为决策者采用库存冗余和备用供应商策略应对一般供货风险提供决策支持。

2.1.2 供货中断风险

引起供应商发生供货中断的原因多种多样，如自然灾害、罢工、设施毁坏等。在供货中断期间供应商无法满足订单，从而影响整个供应链的正常运行。通常供货中断风险具有冲击大、持续时间长、发生频率不高的特点[104]。施密特（Schmitt）和斯奈德（Snyder）[126]基于单供应商下和双供应商下的库存系统，分别讨论了供货中断风险和一般供货风险对系统运行的影响。作者指出研究供货中断风险模型需要基于长期运行的库存系统，而采用单销售季节下模型，如报童模型则会低估供货中断风险的影响，得出次优解。在长期运行的库存系统下，文献中对供货中断风险的刻画通常将供应商的状态描述为"运行正常"或"供货中断"两种状态。前者表示为"可供货"（on/up），后者表示为"不可供货"（off/down）。关于在库存模型中引入供货中断风险的文献综述，推荐格纳里（Gurnani）[66]等人著作中第 3 章与第 5 章的内容。

帕拉尔（Parlar）和伯金（Berkin）[116]于 1991 年率先在库存模型中讨论供货中断风险，作者基于经典的经济订货批量（economic order quantity）模型，讨论系统存在供货中断风险下的库存决策，并称为 EOQD（economic order quantity with disruption）模型。伯克（Berk）和阿瑞拉—瑞莎（Arreola – Risa）[19]于 1994 年发文对帕拉尔和伯金[116]的工作作出了修正。作者讨论缺货不补的 EOQD 模型，运用更新报酬定理（renewal reward theorem）表述平均期望成本，当供应商的"可供货"与"不可供货"状态持续时间服从指数分布时，作者证明了平均期望成本关于订货量 Q 为凸的性质。齐（Qi）等[122]基于 EOQD 模型讨论了供应商与零售商均存在中断的情况，供应商中断表现为不可供货，零售商中断表现为库存报废，系统在供货中断期发生的缺货不补。作者运用更新报酬定理得到平均期望成本函数表达式，并证明了其关于订货量 Q 拟凸的性质。帕拉尔和佩里（Perry）[117]基于单供应商、双供应商和多供应商的库存系统讨论了 EOQD 模型，假设供应商的状态持续时间服从指数分布，供货中断期间发生缺货回补。作者采用数值计算的方法讨论了最优订货量的性质。在传统的 EOQ 模型中引入供货中断风险后，即便是有凸或拟凸的性质（如缺货不补的 EOQD 模型），EOQD 模型的最优解不再能得到类似传统的 EOQ 模型的解析表达式。因此，一些学者研究了 EOQD 模型的近似解析解。斯奈德[134]基于单供应商的库存系统，假设缺货不补，则最优订货策略为Zero – Inventory – Order（ZIO）策略。作者通过对订货点处供应商状态为"不可供货"的概率的近似，得到近似最优订货量，并分析了近似解的误差。海曼（Heimann）和沃格（Waage）[70]基于类似的近似方法针对缺货回补的单供应商库存系统，分析了近似最优订货量的解析解，并讨论了近似解的误差。

一些学者在其他连续性盘点的库存系统中讨论供货中断风险。古普塔（Gupta）[61]研究单供应商库存系统，采用（Q, r）策略补货，其中供应商状态持续时间用指数分布描述。摩诃彼（Mohebbi）[107]在此基础上讨论供应商"可供货"状态持续时间服从一般分布，"不可供货"状态持续时间服从超指数分布。古尔勒和帕拉尔[63]针对双供应商库存系统，讨论供应商"可供货"状态与"不可供货"状态服从 Erlang – k 分布的情况。这些研究均基于数值仿真的方法讨论最优解的性质。

在周期性盘点的库存系统中，帕拉尔等人[119]研究单供应商库存系统，订货成本包括固定订货成本和线性订货成本两部分，缺货回补。作者采用马尔科夫过程刻画供应商的供货状态之间的转移，并证明最优订货策略为状态依从的（s, S）结构。阿瑞拉—瑞莎和罗克斯（De Croix）[14]类似地讨论了缺货部分回补，剩下部分不补的情况，指出最优订货策略仍然为状态依从的（s, S）结构。李（Li）等人[100]研究单供应商库存系统，供应商的状态持续期数服从一般分布。作者在订货成本为线性的情况下刻画了最优订货策略为基本库存策略。杨和刘[51]研究双供应商库存系统，其中不可靠供应商在提前期内有供货中断风险，用参数 p 表示其供货成功的概率；另一个供应商完全可靠且没有提前期。作者分析该系统最优订货定价策略为（s, S, σ, Σ）形式。汤姆林[143]研究双供应商库存系统，假设订货成本线性以及系统中价格低但不可靠供应商会以一定的概率发生供货中断，可靠的供应商价格较高。作者刻画最优订货策略为基本库存策略。施密特（Schmitt）等人[127]研究单供应商库存系统，同时考虑了供货中断风险和一般供货风险，并采用了基本库存策略分析供货风险对系统的影响。

综上所述，已有文献中关于周期盘点库存系统的研究，分析了订货成本仅包括线性订货成本、订货成本包括固定成本部分和线性成本部分、订货成本仅包括线性成本部分与订货能力有限制的情况，并分别对系统的最优订货策略的结构性质进行了刻画分析。与此同时，讨论订货成本包括固定成本部分和线性部分，且备用供应商有供货能力限制的库存系统在实践中十分普遍，但文献关于该系统的模型分析仍是空白。实践中，库存系统采用备用供应商策略应对供货风险时，通常备用供应商不会为其保有大量的能力。本书在考虑固定订货成本的周期盘点库存系统中，分析备用供应商有能力限制的情况下系统的最优订货策略，拟为库存系统决策者提供订货优化决策支持。另一方面，已有文献通常假设决策者完全理性，未将决策者对风险发生概率的感知态度考虑进优化模型中。本书率先在库存模型中考虑决策者的风险权重感知态度，使优化模型的最优决策结论更贴近实践。

2.2　决策者行为因素

标准经济学理论支持"经济人"假设，认为人是完全理性的、不动感情的、自私的、追求自身利益最大化的。行为与实验经济学将心理学的研究成果融入标准经济学理论中，并认为人的行为是有限理性（bounded rationality）的、有风险态度的、关注公平、互惠和社会地位的。理性是解释人们行为目标的重要因素，但人们行为并不是无限理性的。由于环境的不确定性和复杂性、信息的不完全性以及人类认识能力的有限性，人们的理性认识能力受到心理和生理上思维能力的客观限制，从而表现为非完全理性的[1]。近年来，行为经济学在运作管理领域的研究成果颇为丰富。综述文献推荐洛克（Loch）和吴（Wu）[103]、本德里（Bendoly）等人[18]、吉诺（Gino）和皮萨诺（Pisano）[54]。

2.2.1　决策者风险偏好——反 S 型权重偏差

1953 年，阿莱斯（Allais）[92]提出"阿莱悖论"（Allais paradox）。作者提出两个选择：a 是无任何风险的 1000 万元收益；b 是参加一个抽奖：以 89% 的概率赢得 1000 万元，10% 的概率赢得 5000 万元，但 1% 的概率一无所获。在实验中，大部分的被试者会选择 a 而放弃 b。当被试者面临另外两个选择：c 是 11% 概率获得 1000 万元（89% 的概率得到零）；d 是 10% 的概率得到 5000 万元（90% 的概率得到零），大部分被试者会选择 d 而放弃 c。两次实验如表 2 – 1 所示。

表 2 −1　　　　　　　　　　阿莱悖论实验

（a）实验一

a	b	
获得（万元）	获得（万元）	概率
1000	1000	89%
	5000	10%
	0	1%

（b）实验二

c		d	
获得（万元）	概率	获得（万元）	概率
1000	11%	5000	10%
0	89%	0	90%

　　根据期望效用理论（expected utility theory），如果被试者在实验一中选择 a，那么应该在实验二中选 c，但是实际上大部分被试者同时选择 a 和 d。实验结果对期望效用理论中的独立性公理（independence axiom）提出了质疑。学者们承认了阿莱悖论后，开始着手研究替代期望效用理论的方法，以作为决策者在风险决策下的基本模型。如卡莫勒（Camerer）[26] 提出的等级依赖效用理论（rank – dependent theory），特沃斯基和卡尼曼[147] 提出的累积前景理论（cumulative prospect theory）。在这些模型中，决策权重通过决策权重函数对自变量的概率取值进行系统性变换得到。实验研究表明，反 S 型概率权重函数能很好地描述实验数据，如冈萨雷斯（Gonzalez）和吴[56]、特沃斯基和卡尼曼[147]、特沃斯基和福克斯（Fox）[146] 等。汉弗莱（Humphrey）和沃思琪乌尔（Verschoor）[77] 在乌干达、印度和埃塞俄比亚进行了入户调查，要求被试者完成简单的决策选择，被试者均为有收入群体（非学生）。作者指出被试者倾向于对小概率事件赋予相对较大的权重，而对大概率事件赋予相对较小的权重，该实验数据与反 S 型概率权重函数非常吻合。

　　图 2 −2 为反 S 型概率权重函数的示意图。图中虚线为基准线，即人们完全理性的情况，对概率赋予的权重与其本身相等。实线为决策权重，决策者对于小概率事件主观地赋予较高的权重，而对于大概率事件则赋予较低的权重，从而概率权重函数由一段凹函数曲线和一段凸函数曲线构

成，表现为反 S 型，并交于虚线约 1/3 处。一些学者研究此概率权重函数的数学表达式。普瑞雷克（Prelec）[121] 提出单参数复合不变的权重函数：$w(p) = \exp\{-\{-\ln p\}^{\alpha}\}$，$0 < \alpha < 1$，转折点为 $1/e = 0.37$，作者还推广到双参数的权重函数，$w(p) = \exp\{-\beta\{-\ln p\}^{\alpha}\}$，$0 < \alpha < 1$，$0 < \beta < 1$。特沃斯基和卡尼曼[12] 中提出单参数概率权重函数：$w(p) = \dfrac{p^{\alpha}}{(p^{\alpha} + (1-p)^{\alpha})^{\frac{1}{\alpha}}}$，作者通过实验估计 $\alpha = 0.61$。其他关于权重概率函数数学表达式的研究有：迪耶奇杜埃（Diecidue）等人[38]，吴和冈萨雷斯[154]，特沃斯基和福克斯[90] 等。各类风险下概率权重函数 $w(p)$ 均为关于 p 连续非减，$w(\cdot)$：$[0,1] \to [0,1]$，满足 $w(0) = 0$ 和 $w(1) = 1$。

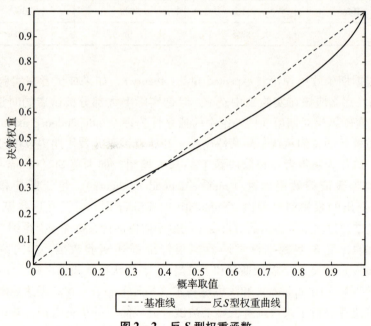

图 2-2 反 S 型权重函数

由于反 S 型权重函数本身较为复杂，据我们所知，将其引入供应链管理中的理论文献并不多。科贝林（Kobberling）和彼得斯（Peters）[95] 基于非对称信息下的议价模型，分析了权重函数和效用函数刻画决策者风险厌恶的差异性。作者指出在 Kalai - Smorodinsky 解中，概率型风险厌恶的决策者对结果需要有更确定的保证，在议价时要求得较多，而效用型风险厌恶的决策者比较容易满足，从而在议价时要求得较少。兰詹（Ranjan）和苏格恩（Shogren）[123]将权重函数和议价模型结合，研究了水资源市场中的市场策略。依据美国对水资源的法令，农场主售卖非农业用水会面临损失用水权的风险。作者用普雷莱茨[121]提出的双参数反 S 型权重函数描述农场主对损失用水权的风险厌恶态度，分别分析了单农场主与单买水方、双农场主与单买水方的议价模型的纳什均衡。

　　基于已有文献研究，反 S 型权重函数能较好地刻画决策者对风险概率的感知态度。本书率先在库存模型中分析反 S 型权重函数对库存决策的影响。我们基于经济订货批量模型，考察决策者对供货中断风险态度为风险厌恶时的最优再订货点和订货批量，并与风险中性时的决策进行了比较分析。在双节点供应链系统中，进一步讨论了反 S 型权重函数对供需双方决策、供应链效率的影响。

2.2.2　决策者社会偏好——公平关切行为

　　实践中，公平关切影响决策行为的例子比比皆是。例如，销售商因非成本因素的提价降价行为总会引发购买方的埋怨，认为被不公平地对待，进而寻找别的替代销售商[93]。又如，日本丰田汽车十分注重与供应商的公平合作关系，而尼桑汽车则经常通过大订单向其供应商压价。结果显而易见，丰田汽车获得了供应商的信任，实现了稳定、高效、低成本的供应链交互，而尼桑汽车则苦恼于供货质量、交货期等问题，交互成本高昂[39]。人们希望受到公平的对待，宁愿付出部分经济代价。这种现象不仅存在于个人行为，集体行为也是如此[59]。对供应商和销售商关系的部分研究发现，双方都更愿意与具有更强公平性倾向的伙伴合作，同时抵制不公平的待遇[36][45][90][8][2][74]。一些研究认为公平是品质合作中的先决条件，整个商品市场对公平性的考虑会促进成员间的信任、承诺、投资意愿和对商品的期待度[90]。

　　文献中大量实验研究报告驳斥了完全利己的假设，提出公平偏好会使得人们的决策偏离完全利己的结论。古斯（Güth）等人[59]通过著名的最后通牒博弈（ultimatum game）实验，率先反驳了完全利己的经济学假设。在最后通牒博弈中，先行者（proposer）提出一个比例分配一定数量的金钱，跟随者（follower）可以接受或者拒绝先行者的提议。在接受的情景下，双方按照先行者所提比例进行分配，在拒绝的情景下，双方的所获均为零。在跟随者完全利己的假设下，跟随者为避免一无所获，会愿意接受任意小的比例提议。先行者明白这一点，因此仅提出给跟随者很小比例的分配方案，自己保留剩下的大部分。古斯指出实验中有相当数量的跟随者拒绝了小比例提案。福赛斯（Forsythe）等人[49]进一步设计实验比较最后通牒博弈和独裁者博弈的结果。在独裁者博弈中，跟随者没有拒绝的权利，只能接受先行者的任何提议。作者发现在最后通牒博弈实验中，先行者提出的比例明显高于独裁者博弈实验的比例。这说明先行者并不认为跟随者是完全利益追逐的，而是对较低的比例提案有可能持拒绝态度。之后，有很多研究进一步基于最后通牒实验指出人们在决策时会考虑公平的因素，如卡莫勒等人[28]，苏莱曼（Suleiman）[138]，凯格尔（Kagel）等人[82][83]。总结众多实验结果，菲尔（Fehr）等人[46]指出，通常小于20%比例的分配方案会有40%~60%的概率被跟随者拒绝。

除了针对双方博弈冲突背景讨论决策者的公平偏好（如单个先行者与单个跟随者）之外，一些学者研究公平偏好对多方博弈冲突的影响。古斯等人[59]设计了实验，研究一个先行者与两个跟随者的三人组博弈，考察先行者与跟随者之间纵向公平偏好（vertical fairness）和跟随者彼此之间的横向公平偏好（horizontal fairness）。作者指出，实验中决策者纵向公平偏好与横向公平偏好均存在，并且相对于与先行者的纵向公平比较而言，跟随者会更关注同级的横向公平比较。哥尼斯坦（Königstein）等人[96]，胡（Ho）和苏（Su）[73]的实验报告也指出在三人组实验中，跟随者会更关注与其平级的同行之间的横向公平比较。

在供应链管理的背景下，引入公平偏好的研究一般分析两人组的供应链系统，特别考察先行者与跟随者之间的公平比较。崔（Cui）等人[36]在经典的批发价格合约[24]中研究决策者的公平偏好。作者通过理论分析指出在供需双方均有公平偏好时，批发价格合约能在一定条件下使得供应链达到完美协调。卡里斯坎—德米拉格（Caliskan - Demirag）等人[25]在崔等人[36]的研究基础上进一步分析了需求为非线性的情况，并得到了类似的结论。卡提克（Katok）和吴[91]通过实证分析的方法分别考察了批发价格合约、回购合约以及收益共享合约。作者指出公平关切行为会很大程度地影响决策者对合同的选择及合同的实施，理论上完全相等的合同在实践中则表现大为不同。菲尔等人[45]设计精准的实验指出公平偏好会很大程度地影响决策者对合约的选择。作者提出用差异厌恶模型描述公平偏好，与实验得到的合约选择数据能很好地吻合。

除了两人组的供应链系统，实践中三人组的供应链系统也非常普遍，如单个买方与两个卖方的情况。在三人组的供应链系统中，卖方之间的横向公平偏好可能会影响其决策从而对供应链各方造成影响。在多方博弈冲突环境中，胡等人[74]研究了包含两个无竞争的同质经销商的两级供应链，供应商依次通过批发价格合同与经销商合作。作者理论研究和实验结果均证实，比起纵向公平关切行为，经销商之间的横向公平关切行为对其决策的影响更大。陈等人[30]在常规供应风险环境下，分析了备用供应商的横向公平关切对期权合同实施的影响。以上研究均未考察学习效应。

可以认为，人们的有限理性行为一方面是社会偏好类的感知有限理性，另一方面是由认知局限引起的决策有限理性。"公平关切"和"学习效应"正是该两大主流有限理性理论的衍生行为假说。"公平关切假说"通过涉他倾向（other‐regarding）修正完全理性的假设，也即认为决策者不仅关注自身的物质利益，其决策效用亦包含对他人利益获得的关注[46]。与此同时，"学习效应假说"认为决策者认知的局限性可通过逐渐地学习获得改进，进而追求最佳表现[124]。"公平关切假说"和"学习效应假说"均能解释实验数据偏离"经济人"假设引起的决策偏差，但是考虑到这两种方法所依赖的理论基础的差异性，通过实验研究决策者的行为偏差的主要成因，分析两种假说如何交互影响决策者的行为，是很有意义的研究专题。

学习效应通常区别个人学习效应和社会学习效应。个人学习是指在学习的过程中完全通过个人不受他人影响的独立学习行为，社会学习是在学习过程中使用他人产生的信息进行学习的行为。学习效应实际上是个人学习和社会学习的并发学习的过程，人类同时具有这两种学习能力。一些学者如麦索迪（Mesoudi）认为社会学习者通常比个人学习者学得更好[106]。对学习的研究始于19世纪的德国心理学家埃尔曼·埃宾豪斯（Hermann Ebbinghaus），他在研究中发现了"学习曲线"，即对于一项任务重复的次数越多每次需要的时间就越少。之后，大量反复实验论证了学习曲线实践的幂定律（power law of practice），即学习曲线往往开始陡峭，而后渐趋于平坦，并且个体在过去某个决策带来的良好结果，在未来的决策中会更倾向于这个决策（law of effect）[43]。文献中关于学习模型的研究已经比较充分，例如自适应学习模型，强化学习模型，信念基础学习模型等[42][9]。

公平关切行为和学习效应的存在性已经毋庸置疑。库珀（Cooper）设计了公共物品博弈实验，提出了兼顾公平关切行为和学习效应的混合模型假设，并且发现该模型更好地解释了实验数据，显著提高了原有模型的适应度[35]。比勒（Biele）等人在公共品博弈及社会网络困境博弈环境下设计实验并提出引入互惠性的强化学习模型在重复实验过程中能更好地解释人们的合作行为[20]。然而，绝大部分相关研究均只孤立地讨论公平关切行为或学习效应。因此，通过实验方法在供应链环境中分析具有公平关切行为的决策者的动态学习模式是十分有意义的专题研究。

第 3 章

具有反 S 型权重风险偏好的库存与供应链系统

本章讨论管理者在制定供货风险管理决策时，其风险态度对决策的影响。采用反 S 型权重概率函数刻画决策者的风险态度。本章分两节进行。首先，针对连续盘点库存系统、供应商有供货中断风险的情形，分析库存管理者的风险态度对其订货批量和再订货点的决策影响。然后，针对双节点单销售季节的供应链系统、供应商有一般供货风险的情形，分析供需双方的风险态度对订货或生产决策的影响。

3.1 具有一般供货风险的两级供应链系统

本节讨论单个销售季节中，供应商有一般供货风险，零售商的订货决策以及供应商的生产决策问题。通过构建理论模型，首先刻画了集中决策时供需双方的最优决策；然后讨论了分散决策时完全理性的供需双方的最优决策；在此基础上，引入供需双方或一方具有风险态度，针对"有限理性供应商—完全理性零售商""完全理性供应商—有限理件零售商""有限理性供应商—有限理性零售商"三种情况分析进行讨论。

3.1.1 模型描述

在系统中，考虑供应商面对一般供货风险，零售商面对市场需求为 D。假设仅有上游的供货风险，下游需求确定，集中分析供需双方对供货风险的态度（本节的研究方法可推广到随机需求的情况）。为了满足市场需求，零售商向供应商订货 q。供应商依据订单数量决策生产量 Q。考虑单个销售季节的决策问题。供应商的一般供货风险用随机比例模型刻画[30]。在生产量为 Q 的情况下，供应商的实际产出量为 $X \cdot Q$，这里随机变量 X 服从分布 $F(\cdot)$，密度函数为 $f(\cdot)$，定义域为 $[0, 1]$，均值为 $\bar{r}$。

令 c 为单位生产成本，则供应商生产 Q 件产品的生产成本为 $c \cdot Q$。零售商根据供应商的实际发货数量支付订货费用 $\omega \cdot \min(X \cdot Q, q)$，其中 ω 为单位批发价格。零售商以每件 p 的价格卖向市场。

3.1.2 集中决策模型

通常，供应商和零售商若归属于同一家公司，总公司在极大化供应链总利润的目标下，决策最优生产量 Q_c^*。此时，供应链的期望利润函数为：

$$\Pi_c(Q) = \int_0^1 p \min(x \cdot Q, D) \mathrm{d}F(x) - cQ \qquad (3-1)$$

极大化函数 $\Pi_c(Q)$，可得最优生产量 Q_c^*。

命题 3.1： 集中决策下，供应链的期望利润函数 Π_c 是关于 Q 的凹函数，最优生产量 Q_c^* 满足等式 $\int_0^{D/Q_c^*} x f(x) \mathrm{d}x = \dfrac{c}{p}$。

证明： 对 $\Pi_c(q)$ 求二阶导数，其二阶导数非正，从而直接可得 Π_c 是关于 Q 的凹函数。通过一阶最优性条件可得最优生产量满足等式 $\int_0^{D/Q_c^*} x f(x) \mathrm{d}x = \dfrac{c}{p}$。

并且，由于 $\int_0^{D/Q} x f(x) \mathrm{d}x$ 关于 Q 非增，有 $\int_0^{D/Q_c^*} x f(x) \mathrm{d}x \leqslant \bar{r}$，从而满足 $p \cdot \bar{r} \geqslant c$ 的条件下，存在 $k_c = D/Q_c^*$ 使得 Π_c 取极大值。令 $K_c = 1/k_c$，则 $Q_c^* = K_c \cdot D$，这里常数 $K_c \geqslant 1$ 可由参数 c，p，以及密度函数 $f(\cdot)$ 决定。将 Q_c^* 代入式（3-1），可得集中决策下供应链的最大期望利润 $\Pi_c^* = p \cdot \left(1 - F\left(\dfrac{D}{Q_c^*}\right)\right) D$。

3.1.3 分散决策模型，供需双方完全理性

当零售商和供应商以极大化自身利益为目标，各自作出最优决策，则称之为分散决策。用斯坦伯格博弈模型刻画供应链上双方分散决策的过程。零售商作为主导者，依据市场需求及供应商的最优反馈—供应商依据

零售商的订单量而投入的生产量 Q，以极大化自身期望利润为目标，决策其订货量 q。

在供需双方完全理性的情况下，构建风险中性模型，供需双方通过极大化自身期望利润进行决策。若零售商的订货量为 q，则供应商的目标函数如式（3-2）所示。

$$\Pi_s(Q) = \int_0^1 \omega\min(x \cdot Q, \ q)\mathrm{d}F(x) - cQ \tag{3-2}$$

极大化函数 $\Pi_s(Q)$，可得最优生产量 Q^*。

命题 3.2： 供应商期望利润函数 Π_s 为关于 Q 的凹函数，最优生产量 Q^* 满足等式 $\int_0^{\frac{q}{Q^*}} xf(x)\mathrm{d}x = \dfrac{c}{\omega}$。

证明与命题 3.1 相似，此处省略其过程。由于 $\int_0^{D/Q} xf(x)\mathrm{d}x$ 关于 Q 非增，所以 $\int_0^{D/Q} xf(x)\mathrm{d}x \leqslant \bar{r}$，从而满足 $\omega \cdot \bar{r} \geqslant c$ 的条件下，存在 $k_s = q/Q^*$ 使得 Π_s 取极大值。令 $K_s = 1/k_s$，则 $Q^* = K_s \cdot q$，这里常数 $K_s \geqslant 1$ 可由参数 c、ω 以及密度函数 $f(\cdot)$ 决定。将 Q^* 代入式（3-2），可得供应商最大期望利润 $\Pi_s^* = p \cdot \left(1 - F\left(\dfrac{D}{Q^*}\right)\right)q = p \cdot \left(1 - F\left(\dfrac{1}{K_s}\right)\right)q$。

零售商期望利润函数为：

$$\Pi_r(q) = \int_0^1 \left(-\omega\min(x \cdot Q, \ q) + p\min(\min(x \cdot Q, \ q), \ D)\right)\mathrm{d}F(x) \tag{3-3}$$

由于售价 p 大于批发价格 ω，且 $Q = K_s \cdot q$（命题 3.2），可以看到对于 $q < D$，$\Pi_r(q) \leqslant \Pi_r(D)$，所以函数 Π_r 的极大值在 $q \geqslant D$ 的区域取得。

命题 3.3： 零售商期望利润函数 Π_r 为关于 q 的凹函数。当 $K_r \geqslant K_s$ 时，最优订货量 $q^* = \dfrac{K_r \cdot D}{K_s}$，否则 $q^* = D$。其中，K_r 满足等式：

$$\int_0^{\frac{1}{K_r}} xf(x)\mathrm{d}x = \frac{c}{p} + \frac{\omega}{p} \cdot \frac{1 - F(1/K_s)}{K_s}$$

证明：根据命题 3.2，将 $Q^* = K_s \cdot q$ 代入式（3-3），求 $\Pi_r(q)$ 关于 q 二阶导数，得二阶导数非正，从而直接可得 Π_r 为关于 q 的凹函数。根据一阶最优性条件可得最优生产量满足等式：

$$\int_0^{\frac{D}{K_s \cdot q^*}} xf(x)\mathrm{d}x = \frac{c}{p} + \frac{\omega}{p} \cdot \frac{1 - F(1/K_s)}{K_s}$$

并且 $\int_0^{\frac{D}{K_s \cdot q}} x f(x) \mathrm{d}x$ 关于 q 非增，有：

$$\int_0^{\frac{D}{K_s \cdot q}} x f(x) \mathrm{d}x \leqslant \bar{r}$$

从而满足 $\dfrac{c}{p} + \dfrac{\omega}{p} \cdot \dfrac{1 - F(1/K_s)}{K_s} \leqslant \bar{r}$ 的条件下，存在 $k_r = \dfrac{D}{K_s \cdot q^*}$ 使得 Π_r 取极大值。令 $K_r = 1/k_r$，则 $q^* = \dfrac{K_r \cdot D}{K_s}$，这里常数 $K_r \geqslant 1$ 可由参数 c、p、ω 以及 $F(\cdot)$ 决定。我们已经知道 $q^* \geqslant D$，所以当 $K_r \leqslant K_s$，有 $q^* = D$。得证。

将 q^* 代入式（3-3），可得：

$$\prod_r^* = \begin{cases} p \cdot (1 - F(1 - K_r)) \cdot D, & K_r \geqslant K_s \\ (p - \omega) \cdot \left(\dfrac{c}{\omega} \cdot K_s - F\left(\dfrac{1}{K_r}\right) \right) \cdot D, & K_r \leqslant K_s \end{cases}$$

下面分析供应链的协调情况。集中决策下供应链的总利润与分散决策下供应链的总利润相等时，供应链可达到协调，也即是说当分散决策下的最优生产量与集中决策下的最优生产量相等，即 $Q^* = Q_c^*$，供应链可达到协调，否则不能协调。由命题 3.2 和命题 3.3 可知，$Q^* = \max\{K_r, K_s\} \cdot D$。又由命题 3.1 可知，$Q_c^* = K_c \cdot D$。显然，$\max\{K_r, K_s\} \leqslant K_c$，$\left(\dfrac{c}{p} + \dfrac{\omega}{p} \cdot \dfrac{1 - F(1/K_s)}{K_s} \geqslant \dfrac{c}{p}, \dfrac{c}{\omega} \geqslant \dfrac{c}{p} \right)$，所以 $Q^* \leqslant Q_c^*$。当 $p = \omega$ 或 $1 - F(1/K_s) = 0$ 时，也即 $\omega \cdot \bar{r} = c$ 时，可有 $Q^* = Q_c^*$。而这两种情况下，供应链的全部利润由零售商或供应商单方获得，而另一方没有动机与之合作，所以如果供需双方完全理性，供应链仅能在极端情况下达到协调，没有现实意义。

3.1.4　分散决策模型，供需双方具有反 S 型风险权重偏好

本节中，我们引入决策者的风险态度。如引言所介绍，用反 S 型权重函数刻画决策者的心理权重。特沃斯基和卡尼曼[16]中提出一类概率权重函数：

$$G(z) = \frac{z^\alpha}{(z^\alpha + (1 - z)^\alpha)^{\frac{1}{\alpha}}} \tag{3-4}$$

函数 $G(\cdot)$ 连续，非减，$G(\cdot): [0, 1] \to [0, 1]$，满足 $G(0) = 0$ 和 $G(1) = 1$。事件发生的权重 z 用概率分布函数刻画，这里指随机产出分布函数 $F(\cdot)$。参数 α 影响概率权重函数曲线的曲度，$\alpha > 0$，特沃斯基和卡尼曼[90]实验结果拟合 α 的值为 $\alpha = 0.61$。当 $\alpha = 1$，有 $G(z) = z$，即曲线与基准概率直线重合，从而 $\alpha = 1$ 表示完全理性的情况。

概率权重曲线示意图可参见图 3-1。实线指概率权重函数曲线卡尼曼和特沃斯基[12]，$\alpha = 0.61$。虚线为基准线，即 $z = z$。概率权重函数曲线与基准线交于点 a，对于概率小于 a 的事件，我们称为小概率事件，反之称为大概率事件。决策者对于小概率事件主观地赋予较高的权重，而对于大概率事件则赋予较低的权重，从而概率权重函数由一段凹函数曲线和一段凸函数曲线构成，表现为反S型。图 3-1 中，令点 i 满足 $G'(i) = 1$，从而对于 $0 \leq z < i$，有 $G'(z) > 1$。接下来，分别分析供需双方的反S型概率权重偏好对其决策以及供应链的影响。

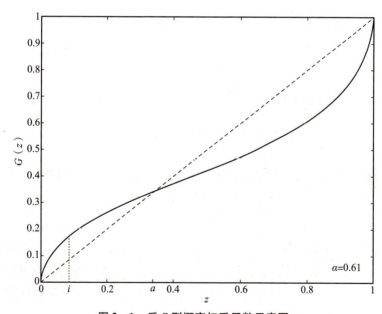

图 3-1　反S型概率权重函数示意图

3.1.4.1　有限理性供应商，完全理性零售商

当供应商有反S型概率权重偏好，而零售商风险中性时，有限理性供

应商效用函数为：

$$U_s(Q) = \int_0^1 \omega \min(x \cdot Q, q) \, dG(F(x)) - cQ \qquad (3-5)$$

令 $\Phi(x) = G(F(x)) : [0, 1] \to [0, 1]$，$\phi(x) = \Phi'(x) \geq 0$，则供应商效用函数可写为 $U_s(Q) = \int_0^1 \omega \min(x \cdot Q, q) \, d\Phi(x) - cQ$。

命题 3.4：供应商的效用函数 U_s 为关于 Q 的凹函数，最优生产量 Q_1^* 满足等式 $\int_0^{q/Q_1^*} x\phi(x) \, dx = \dfrac{c}{\omega}$。

证明过程与命题 3.2 的证明过程相似，将 $f(x)$ 替换为 $\phi(x)$ 即可。令 $K_1^s = Q_1^*/q$，则 $Q_1^* = K_1^s \cdot q$。

由于零售商风险中性，其效用函数仍是其期望利润，$U_r(q) = \Pi_r(q)$。将 $Q_1^* = K_1^s \cdot q$ 代入 $\Pi_r(q)$（式（3-3）），零售商的最优决策如命题 3.5 所示。

命题 3.5：零售商效用函数 U_r 为关于 q 的凹函数。当 $K_1^r \geq K_1^s$ 时，最优订货量 $q^* = \dfrac{K_1^r \cdot D}{K_1^s}$，否则 $q^* = D$。其中，K_1^r 满足等式 $\int_0^{\frac{1}{K_1^r}} xf(x) \, dx = \dfrac{c}{p} + \dfrac{\omega}{p} \cdot \dfrac{1 - F(1/K_1^s)}{K_1^s}$。

下面分析供应链的协调情况。由命题 3.4 和命题 3.5 可知，$Q_1^* = \max\{K_1^r, K_1^s\} \cdot D$。由命题 3.1 可知，$Q_c = K_c \cdot D$。当 $Q_1^* = Q_c$ 时，供应链达到协调。

令 $H_f(K) = \int_0^{1/K} xf(x) \, dx$，$H_\phi(K) = \int_0^{1/K} x\phi(x) \, dx$，函数 $H_f(K)$ 和 $H_\phi(K)$ 关于 K，$K \geq 1$ 递减（$f(x) \geq 0$，$\phi(x) \geq 0$）。

如图 3-1 所示，当 $z \leq i$ 时，$G'(z) \geq 1$，从而 $\phi(x) \geq f(x)$，存在一个 K_i，当 $1/K \leq 1/K_i$，有 $H_f(K) \leq H_\phi(K)$。由此，如图 3-2 所示，当供应商有风险态度时，$K_1^s = K_c$ 可在 $p > \omega$ 时取得。另一方面，当供应商有风险态度时，$K_1^s = 1$，$K_1^r = K_c$ 可在 $\omega \cdot \bar{r} > c$ 时取得。综上，在供应商有风险态度时，分散决策生产量与集中决策生产量一致，$Q_1^* = Q_c$ 可在 $p > \omega$ 或 $\omega \cdot \bar{r} > c$ 时取得，从而供应链有可能在双方都有利润的情况下达到协调。我们举一个数值例直观地描述这一现象。参数设置为：$D = 10$；$c = 1$；$\omega = 141$；$p = 170$；X 服从 $[0, 1]$ 的均匀分布，$\bar{r} = 0.5$。采用卡尼曼和特沃斯基[12] 中的概率权重函数（3-4），$\alpha = 0.61$。计算结果如表 3-1 所示。

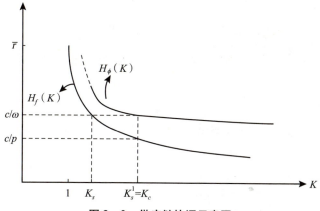

图 3-2 供应链协调示意图

表 3-1　　　　　　　　供应商有限理性与完全理性模型结果对比算例

K 值		最优订货量		利润	
K_c	9.2	Q_1^*	92.2	$\Pi_r(Q^*)$	272.7
K_1^s	9.2	Q_c	92.2	$\Pi_s(Q^*)$	1242.1
K_s	8.4	Q^*	83.9	$\Pi_c(Q_c)$	1515.6
K_1^r	2.3			$\Pi_r(Q_1^*)$	152.0
K_r	2.2			$\Pi_s(Q_1^*)$	1363.6

可以看到，在供应商完全理性时，订货量 $Q^* = 83.9 < Q_c = 92.2$，而供应商有风险态度时，订货量 $Q_1^* = 92.2 = Q_c = 92.2$，此例中供应链达到了协调。此例中，在供应链整体效率增加的情况下，供应商利润增加了9.8%，零售商的利润降低了44.3%。

3.1.4.2 完全理性供应商，有限理性零售商

此小节中，在模型中引入零售商的反S型概率权重偏好。由于供应商风险中性，其最优生产量满足 $Q^* = K_s \cdot q$（命题3.2）。零售商有风险态度，其效用函数为：

$$U_r(q) = \int_0^1 \left(-\omega\min(x \cdot Q, q) + p\min(\min(x \cdot Q, q), D) \right) \mathrm{d}\Phi(x)$$

$$(3-6)$$

将供应商最优策略 $Q^* = K_s \cdot q$ 代入式（3-6），零售商最优决策如命

题 3.6 所示。

命题 3.6：零售商效用函数 U_r 为关于 q 的凹函数。当 $K_2^r \geq K_s$ 时，最优订货量 $q^* = \dfrac{K_2^r \cdot D}{K_s}$，否则 $q^* = D$。其中，K_2^r 满足等式 $\displaystyle\int_0^{\frac{1}{K_2^r}} x\phi(x)\,\mathrm{d}x = \dfrac{c}{p} + \dfrac{\omega}{p} \cdot \dfrac{1 - \Phi(1/K_s)}{K_s}$。

下面分析供应链的协调情况。由命题 3.2 和命题 3.6 可知，$Q_2^* = \max\{K_2^r,\ K_s\} \cdot D$。由命题 3.1 可知，$Q_c = K_c \cdot D$。当 $Q_2^* = Q_c$ 时，供应链达到协调。当零售商有风险态度时，供应链仍然有可能在供需双方都有利润的前提下，达到协调。举例说明如表 3-2 所示。参数设置为：$D = 10$；$c = 2$；$\omega = 20$；$p = 240$；X 服从 $[0.4,\ 1]$ 的均匀分布，$\bar{r} = 0.7$。采用卡尼曼和特沃斯基[12]提出的概率权重函数（3-4），$\alpha = 0.61$。

表 3-2　　　　　　零售商有风险态度与完全理性模型结果对比算例

K 值		最优订货量		利润	
K_c	2.4	Q_2^*	24.3	$\Pi_r(Q^*)$	2158.1
K_s	1.9	Q_c	24.3	$\Pi_s(Q^*)$	189.6
K_2^r	2.4	Q^*	22.8	$\Pi_c(Q_c)$	2350.7
K_r	2.3			$\Pi_r(Q_2^*)$	2149.3
				$\Pi_s(Q_2^*)$	201.4

可以看到，在零售商完全理性时，订货量 $Q^* = 22.8 < Q_c = 24.3$，而零售商有风险态度时，订货量 $Q_1^* = 24.3 = Q_c = 24.3$，此例中供应链达到了协调。此例中，在供应链整体效率增加的情况下，供应商利润增加了 6.2%，零售商的利润降低了 0.4%。

3.1.4.3　有限理性供应商，有限理性零售商

我们考虑供应商和零售商均为有限理性的情况。为了区别，供应商的反 S 型权重风险偏好用分布函数 $\Phi_s(\cdot)$ 刻画，密度函数 $\phi_s(\cdot) = \Phi_s'(\cdot)$，零售商的反 S 型权重风险偏好用分布函数 Φ_r 刻画，密度函数 $\phi_r(\cdot) = \Phi_r'(\cdot)$。由命题 3.4 可知，供应商的效用函数 U_s 是关于 Q 的凹函数，最优生产量 Q_3^* 满足等式 $\displaystyle\int_0^{q/Q_3^*} x\phi_s(x)\,\mathrm{d}x = \dfrac{c}{\omega}$。令 $K_2^s = Q_3^*/q$，则 $Q_3^* = K_2^s \cdot q$。

将 $Q_3^* = K_2^s \cdot q$ 代入零售商的效用函数式（3 – 6），零售商的最优决策如命题 3.7 所示。

命题 3.7： 零售商的效用函数 U_r 是关于 q 的凹函数。当 $K_3^r \geq K_2^s$，最优订货量 $q^* = \dfrac{K_3^r \cdot D}{K_2^s}$，否则 $q^* = D$。其中，K_3^r 满足等式：

$$\int_0^{\frac{1}{K_3^r}} x\phi_r(x)\,\mathrm{d}x = \frac{c}{p} + \frac{\omega}{p} \cdot \frac{1 - \Phi_r(1/K_2^s)}{K_2^s}$$

下面分析供应链的协调情况。由命题 3.4 和命题 3.7 可知，$Q_3^* = \max\{K_3^r, K_2^s\} \cdot D$，由命题 3.1 可知，$Q_c = K_c \cdot D$。当 $Q_3^* = Q_c$ 时，供应链达到协调。当供应商和零售商都有反 S 型权重风险偏好时，供应链仍然有可能在供需双方都有利润的前提下，达到协调。举例说明如表 3 – 3 所示。参数设置为：$D = 10$；$c = 2$；$\omega = 20$；$p = 250$；X 服从 $[0.4，1]$ 的均匀分布，$\bar{r} = 0.7$。供应商和零售商的概率权重函数采用式（3 – 4），参数 α 取值均为 0.61。

表 3 – 3   供需双方均有风险态度与完全理性模型结果对比算例

K 值		最优订货量		利润	
K_c	2.4	Q_3^*	24.3	$\Pi_r(Q^*)$	2257.6
K_2^s	2.0	Q_c	24.3	$\Pi_s(Q^*)$	109.2
K_s	1.9	Q^*	22.9	$\Pi_c(Q_c)$	2450.7
K_3^r	2.4			$\Pi_r(Q_3^*)$	2249.1
K_r	2.3			$\Pi_s(Q_3^*)$	201.6

可以看到，在供需双方完全理性时，订货量 $Q^* = 22.9 < Q_c = 24.3$，而供需双方有限理性时，订货量 $Q_3^* = 24.3 = Q_c = 24.3$，此例中供应链达到了协调。此例中，在供应链整体效率增加的情况下，供应商利润增加了 6%，零售商的利润降低了 0.4%。

3.1.5　本节小结

本节讨论了两级供应链系统，其中供应商有一般供货风险。我们引用

反 S 型权重函数刻画供需双方决策者对供应商的一般供货风险赋予的心理权重。采用斯坦伯格博弈模型分析刻画供需双方的最优订购量和最优计划生产量。研究结论指出，当供需双方完全理性时，供应链在极端情况下可达到协调，没有现实意义；但是当供需一方或双方有反 S 型权重风险偏好时，供应链有可能达到协调，从而为决策者在实际情况下的决策行为提供理论支持。

3.2 具有供货中断的连续盘点库存系统

本节针对有供货中断风险的连续盘点库存系统，分析库存管理者的反 S 型权重偏好对其订货量和再订货点决策的影响。库存系统订货策略采用有供货中断风险的经济订货批量模型（economic order quantity with disruption，EOQD 模型）。如前景理论所描述的，人们倾向于高估低概率事件而低估高概率事件发生的概率。本节中库存系统风险来自于小概率供货中断，库存管理者更倾向于高估风险发生的概率，表现为风险厌恶行为特征。本节内容组织安排如下：基于帕拉尔等[21]的研究，首先引入库存管理者的风险厌恶行为，构造 EOQD 模型，并对模型进行分析讨论；然后设计数值仿真实验，分别模拟基本参数的情况，和将仿真实验结论推广到大范围参数取值的情况；最后总结本节内容。

3.2.1 模型描述

系统中，K 表示固定订货成本，h 表示单位时间单位量持货成本，D 表示单位时间市场需求率。市场需求率为确定量。正常供货的供应商随时有可能会发生供货中断。供货中断期间系统单位量缺货成本用 π 表示。连续两次订货的时间定义为一个周期 T。每个周期之初库存水平为 q，并且供应商正常供货。假设一个周期内正常供货持续时间（up）和供货中断的时间（down）服从指数分布，参数分别为 λ 和 μ。每个周期独立并且随机相等。

3.2.1.1 ZIO 库存策略下 EOQD 模型

我们先分析缺货不补的情形。系统库存策略为连续性盘点库存水平，当库存水平到达 0 时，若供应商供货正常，则订货 q，若已发生中断则不订货，供货中断（down）期间发生的缺货不再回补。图 3-3 描述了 ZIO 库存策略的示意图。

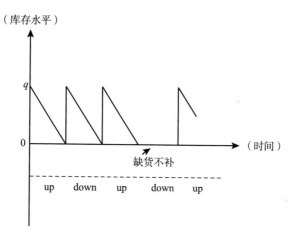

图 3-3 ZIO 库存策略下库存水平和供货状态示意图

根据更新报酬定理（renewal reward theory）可计算单位时间的平均成本函数。令 β 表示库存到达再订货点 0 时，供应商无法供货的概率。每期期初系统状态为供应商正常运行（up）。令 β 为在时间点 q/D，系统状态为（down）的概率。计算两状态的连续时间马尔科夫链（two-state continuous-time markov chain）的转移概率函数，生成元（infinitesimal generator）为：

$$Q = \begin{bmatrix} -\lambda & \lambda \\ \mu & \mu \end{bmatrix}$$

将矩阵进行拉普拉斯变换（Laplace transform）可得：

$$P^e(s) = [sI - Q]^{-1} = \begin{bmatrix} s+\lambda & -\lambda \\ -\mu & s+\mu \end{bmatrix}^{-1} = \frac{1}{s(s+\lambda+\mu)}\begin{bmatrix} s+\mu & \lambda \\ \mu & s+\lambda \end{bmatrix}$$

将上式分式展开可得：

$$P^e(s) = \frac{1}{s}\begin{bmatrix} \dfrac{\mu}{\lambda+\mu} & \dfrac{\lambda}{\lambda+\mu} \\ \dfrac{\mu}{\lambda+\mu} & \dfrac{\lambda}{\lambda+\mu} \end{bmatrix} + \frac{1}{s+\lambda+\mu}\begin{bmatrix} \dfrac{\lambda}{\lambda+\mu} & -\dfrac{\lambda}{\lambda+\mu} \\ -\dfrac{\mu}{\lambda+\mu} & \dfrac{\mu}{\lambda+\mu} \end{bmatrix}$$

逆变换可得矩阵指数 e^{Qt} 的解析解:

$$P(t) = \begin{bmatrix} \dfrac{\mu}{\lambda+\mu} & \dfrac{\lambda}{\lambda+\mu} \\[3mm] \dfrac{\mu}{\lambda+\mu} & \dfrac{\lambda}{\lambda+\mu} \end{bmatrix} + e^{-(\lambda+\mu)t} \begin{bmatrix} \dfrac{\lambda}{\lambda+\mu} & -\dfrac{\lambda}{\lambda+\mu} \\[3mm] -\dfrac{\mu}{\lambda+\mu} & \dfrac{\mu}{\lambda+\mu} \end{bmatrix} \qquad (3-7)$$

在库存水平达到 0 点的时刻为 $t = q/D$,从而:

$$\beta = \frac{\lambda}{\lambda+\mu}\left(1 - e^{-\frac{(\lambda+\mu)q}{D}}\right) \qquad (3-8)$$

注意到 β 为关于订货量 q 的函数。

令 $f_T(\cdot)$ 为周期 T 的概率函数,则:

$$f_T(t) \begin{cases} 0, & t < \dfrac{q}{Q} \\[3mm] 1-\beta, & t = \dfrac{q}{Q} \\[3mm] \beta\mu e^{-\mu\left(t-\frac{q}{Q}\right)}, & t > \dfrac{q}{Q} \end{cases}$$

从而:

$$E(T) = q/D + \beta/\mu$$

一个周期内发生的总成本包括:一次订货成本、持货成本以及可能发生的缺货成本。令一个周期内的总成本为 C,其期望为:

$$E(C) = K + hq^2/2D + \pi D\beta/\mu$$

从而单位时间的平均成本[160]为:

$$g_z(q) = \frac{K + hq^2/2D + \pi D\beta/\mu}{q/D + \beta/\mu} \qquad (3-9)$$

3.2.1.2 Non – ZIO 库存策略下 EOQD 模型

接下来分析缺货回补时库存系统模型。模型假设库存策略为连续性盘点库存水平,当库存水平到达再订货点 r 时,供应商正常运行则订货至 $q + r$,若发生中断则不订货,发生的缺货回补。这里需要说明的是,缺货回补的库存策略并不是经典的 (r, Q) 策略。这里的订货量并不一定是 Q 或者 Q 的整数倍,而是 (s, S) 策略,$s = r$,$S = r + q$。图 3 – 4 描述了 Non – ZIO 库存策略的示意图,也即库存水平到达再订货点 r 时,补货至 $q + r$。

一个周期内发生的成本包括:一次订货成本、持货成本以及发生的缺货成本。注意到期初系统的库存水平为 $q + r$,令 C_1 表示一个周期从期初到库

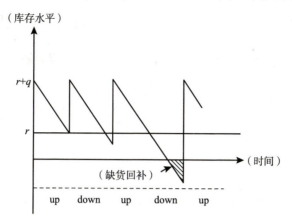

图 3 – 4 Non – ZIO 库存策略下库存水平和供货状态示意图

存水平到达再订货点 r 时的订货和持货成本，易得 $C_1 = K + hq^2/2D + hqr/D$。

接下来计算库存水平从再订货点 r 到下个周期期初的订货和持货成本，

$$\begin{cases} \dfrac{hy^2}{2D} + \dfrac{hy(r-y)}{D}, & \text{当 } y < r \\ \dfrac{hy^2}{2D} + \pi(y-r), & \text{当 } y \geq r \end{cases}$$

令 C_2 表示库存水平从再订货点 r 到下个周期期初的期望总成本，

$$C_2 = \int_0^r (h(ry - y^2/2)/D)\mu e^{-\mu y}\mathrm{d}y + \int_r^\infty (hr^2/2D + \pi(y-r))\mu e^{-\mu y}\mathrm{d}y$$

化简上式可得：

$$C_2 = \frac{1}{\mu^2}(h(\mu r - 1) + e^{-\mu r}(\pi\mu + h))$$

由式（3 7），单个周期内的总成本为：

$$C = C_1 + \beta C_2$$

$$= K + hq^2/2D + hqr/D + \frac{\lambda}{\lambda + \mu}(1 - e^{-(\lambda+\mu)q/D})C_2$$

如前面所述，一个周期时间用 T 表示，包括从期初到库存水平到达再订货点 r 的时间 q/D，和库存水平从 r 到下个周期期初的时间，β/μ。从而，可计算单位时间的平均成本函数为：

$$G_n(q, r) = D\frac{(K + hq^2/2D + hqr/D) + \beta(q)c(r)}{q/D + \beta/\mu} \qquad (3 - 10)$$

其中：

$$c(r) = \frac{D^2}{\mu^2}\left(\frac{h}{D}(\mu r/D - 1) + e^{-\mu r/D}(\pi\mu/D + h/D)\right)$$

由于需求率 D 是常数，分析订货量 q 与再订货点 r 的优化决策时，可令 $g_n(q, r) = G_n(q, r)/D$，$C(r) = c(r)/D$ 得：

$$g_n(q, r) = \frac{\left(K + \frac{hq^2}{2D} + \frac{hqr}{D}\right) + \beta(q)C(r)}{\frac{q}{D} + \frac{\beta}{\mu}} \qquad (3-11)$$

其中：

$$C(r) = \frac{1}{\mu^2}\left(h(\mu r/D - 1) + e^{-\mu r}(\pi\mu + h)\right)$$

极小化 $g_n(q, r)$ 得到的最优解 q 与 r 也即是极小化目标函数 $G_n(q, r)$ 得到的最优解。至此已分别刻画了缺货不补和缺货回补情形下的库存系统周期平均成本模型，紧接着讨论引入决策者反 S 型权重偏好的库存模型。

3.2.1.3　反 S 型权重风险偏好的 EOQD 模型

如图 2-2 所示，主观权重函数的概率在最初始区间为凹而在其后则为凸，刻画了人们对低概率高估而对高概率低估的现象。此外，该图像为非对称的图像，在该图像所对应横坐标的约 1/3 处[121]，人们的风险态度从高估转变为低估。根据文献普雷莱茨[121]，我们引入两参数权重函数：

$$w(p) = e^{-\beta(-\ln p)^\alpha} \qquad (3-12)$$

其中参数 β 影响拐点的位置，参数 α 则影响曲线的曲率。

本模型中，β 是一个关键的概率，该概率表示当库存水平为再订货点时供应商无法供货的概率。由此可见，库存决策者很有可能高估 β 的值。因此式（3-12）中的权重函数引入 ZIO 策略与 Non-ZIO 策略模型中的平均成本目标函数中，得到式（3-13）和式（3-14）：

$$g_Z(q) = \frac{K + hq^2/2D + \pi D w(q)/\mu}{q/D + w(q)/\mu} \qquad (3-13)$$

$$g_N(q, r) = \frac{(K + hq^2/2D + hqr/D) + w(q)C(r)}{q + w(q)D/\mu} \qquad (3-14)$$

其中：

$$w(q) = e^{-\beta\left(-\ln\frac{\lambda}{\lambda+\mu}(1 - e^{-(\lambda+\mu)q/D})\right)^\alpha} \qquad (3-15)$$

在此，$g_Z(q)$ 为 ZIO 策略下的平均成本目标函数，$g_N(q, r)$ 为 Non-ZIO 策略下的平均成本目标函数。在库存决策者完全理性时，我们设订货量为 q，再订货点为 r；而当决策者呈现有限理性的风险态度时，订货量与再订货点分别为 q_w 和 r_w。定义最优订货量与最优再订货点为使得成本目标函数取最小值的点，即：

$$g_Z(q_w^*) = \min_{q \geq 0} g_Z(q), \quad g_z(q^*) = \min_{q \geq 0} g_z(q), \quad g_N(q_w^*, r_w^*)$$
$$= \min_{q \geq 0, r \in R} g_N(q, r), \quad g_n(q^*, r^*) = \min_{q \geq 0, r \in R} g_n(q, r).$$

反 S 型的权重函数描述了决策者倾向于高估低概率事件的发生概率而低估高概率事件的发生概率的风险态度。由于供货中断在供应链系统运营过程中属于低概率事件，本模型中的权重函数落在凹区间内（低于交点）。在该区间内，决策者会高估事件发生的概率。

命题 3.8： 权重函数 $w(q)$ 关于 $q \geq 0$ 增凹。

证明： 因为需求率 D 为确定量，不失一般性，设其为 $D = 1$。令 $X = -\beta\left(-\ln \frac{\lambda}{\lambda + \mu}(1 - e^{-(\lambda+\mu)q})\right)^{\alpha}$，则式（3-15）中的 $w(q)$ 等于 e^X。显然，$w(q)$ 在 q 上求一阶导得到：

$$w'(q) = e^X \cdot X',$$

其中：

$$X' = \beta r \left[\left(-\ln \frac{\lambda}{\lambda + \mu}(1 - e^{-(\lambda+\mu)q})\right)^{r-1}\right] \frac{(\lambda + \mu) e^{-(\lambda+\mu)q}}{\frac{\lambda}{\lambda + \mu}(1 - e^{(\lambda+\mu)q})}.$$

由此可得 $e^X \cdot X'$ 在 $q \geq 0$ 上为非负，从而有 $q \geq 0$，$w(q) \geq 0$。函数 $w(q)$ 对 q 求二阶导得：

$$w''(q) = e^X \cdot X'(X' + X''),$$

其中：

$$X'' = \beta r \left[(r-1)\left(-\ln \frac{\lambda}{\lambda + \mu}(1 - e^{-(\lambda+\mu)q})\right)^{r-2}\right]\left[\frac{(\lambda + \mu) e^{-(\lambda+\mu)q}}{\frac{\lambda}{\lambda + \mu}(1 - e^{(\lambda+\mu)q})}\right]^2$$

$$+ \beta r\left[\left(-\ln \frac{\lambda}{\lambda + \mu}(1 - e^{-(\lambda+\mu)q})\right)^{r-1}\right]\frac{-\lambda(\lambda + \mu) e^{-(\lambda+\mu)q}}{\left(\frac{\lambda}{\lambda + \mu}(1 - e^{(\lambda+\mu)q})\right)^2}.$$

从而有：

$$X' + X'' = \beta r\left[\left(-\ln \frac{\lambda}{\lambda + \mu}(1 - e^{-(\lambda+\mu)q})\right)^{r-1}\right]\frac{(\lambda + \mu) e^{-(\lambda+\mu)q}}{\frac{\lambda}{\lambda + \mu}(1 - e^{(\lambda+\mu)q})}$$

$$+\beta r\left[(r-1)\left(-\ln\frac{\lambda}{\lambda+\mu}(1-e^{-(\lambda+\mu)q})\right)^{r-2}\right]\left[\frac{\frac{(\lambda+\mu)e^{-(\lambda+\mu)q}}{\lambda}}{\frac{\lambda}{\lambda+\mu}(1-e^{(\lambda+\mu)q})}\right]^2$$

为了表达方便，我们令 $Y=-\ln\frac{\lambda}{\lambda+\mu}(1-e^{-(\lambda+\mu)q})$，则：

$$X'+X''=\beta r\left(-Y'Y^{r-1}+(r-1)Y^{r-2}(-Y')^2+Y^{r-1}(-Y')^2\frac{-\lambda}{(\lambda+\mu)e^{-(\lambda+\mu)q}}\right),$$

化简可得：

$$X'+X''=\beta r(-Y')Y^{r-1}\left(\frac{r-1}{Y}(-Y')+\frac{-\lambda}{\frac{\lambda}{\lambda+\mu}(1-e^{-(\lambda+\mu)q})}+1\right)$$

因此，如果 $\frac{r-1}{Y}(-Y')+\dfrac{-\lambda}{\frac{\lambda}{\lambda+\mu}(1-e^{-(\lambda+\mu)q})}+1$ 为负，则可证得 $w(q)$

的二阶导也为负。显然地，$\frac{\lambda}{\lambda+\mu}(1-e^{-(\lambda+\mu)q})\leqslant\lambda$，因此可得：

$$\frac{-\lambda}{\frac{\lambda}{\lambda+\mu}(1-e^{-(\lambda+\mu)q})}+1\leqslant0$$

由于 $r-1\leqslant0$，我们可得 $w(q)$ 的二阶导数为负，则 $w(q)$ 为关于 q 的递增凹函数。

伯克和阿瑞拉—瑞莎[19]证明了对于 ZIO 策略下的目标函数 $g_z(q)$ 的单峰性质。对于 Non–ZIO 策略，帕拉尔和佩里[117]指出目标函数 $g_n(q,r)$ 是否具有单峰性理论上还未可知，但数值实验的结果显示 $g_n(q,r)$ 可能具有单峰的性质。当在 EOQD 模型中引入了权重函数 $w(q)$，对于式（3–9）中目标函数 $g_Z(q)$ 及式（3–14）中目标函数 $g_N(q,r)$ 单峰性质的证明就变得更加困难。因此，下一节应用数值分析计算最优解，并讨论决策者风险态度对于最优决策及系统成本的影响。

3.2.2　数值仿真

本小节中我们通过仿真数值实验研究高估风险概率对于最优订货量以及系统成本的影响。基本参数设置如表 3–4 所示，其中权重函数参数取值 $\alpha=0.79$，$\beta=0.99$。在此参数下权重函数拐点值为 0.38，这与文献特沃斯基和卡尼曼[16]中对于损失估计约为 0.38 的结论相一致。需要注意的是，$\alpha=1$ 和 $\beta=1$ 代表决策者完全理性的情况。

表 3 - 4		数值实验基本参数及取值
参数	符号	数值
需求/h（件）	D	1
持货成本/h/件（元）	h	10
固定订货成本/单（元）	K	10
缺货成本/件（元）	π	10 ~ 20
正常运行（up）时间均值（小时）	$1/\lambda$	4
中断（down）时间均值（小时）	$1/\mu$	0.4
权重函数参数	γ	0.79
权重函数参数	θ	0.99

对于 ZIO 策略，图 3 - 5 描述了当 π 取值在区间 [10，20] 之间递增时，最优订货量 q^*（理性状态下）和 q_w^*（存在风险偏好状态下）的取值变化情况。可见 q^* 和 q_w^* 随 π 递增，且 q_w^* 增长速度更快。交点大致位于 π = 14 处。直观上，我们会认为在存在风险偏好的情况下，库存决策者预计会增加订购量来规避风险，即订货者高估 β 的概率时，$q^* < q_w^*$。然而，图 3 - 5 所展示的数值算例结果证明，当 π 值小于 14 时，有 $q_w^* < q^*$。

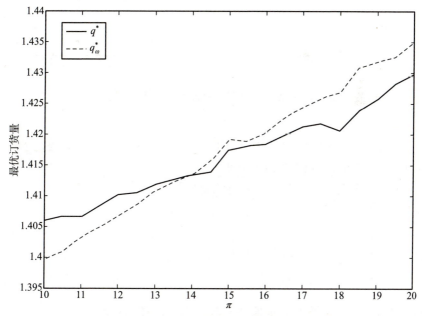

图 3 - 5　ZIO 策略下 π 对最优订货量 q^*、q_w^* 的影响

在 Non‐ZIO 策略中，q^* 和 q_w^* 随 π 的变化如图 3‐6 所示，r^* 和 r_w^* 的变化情况如图 3‐7 所示。如图 3‐6、图 3‐7 所示，q_w^* 在 q^* 之下，r_w^* 在 r^* 之上。这说明当决策者具有风险厌恶态度时，更加倾向于通过多频率地少量订购来有效地控制风险。此外，在缺货回补的情况下，r^* 和 r_w^* 随 π 增加，而 q^* 和 q_w^* 对 π 并不敏感。

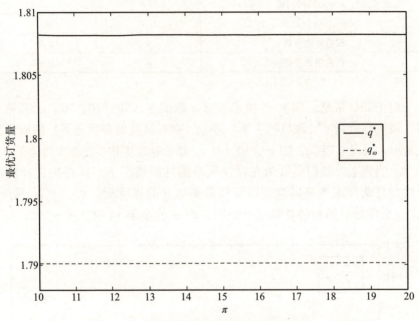

图 3‐6　Non‐ZIO 策略下 π 对最优订货量 q^*、q_w^* 的影响

因此，当决策者具备风险厌恶态度的时候，无论是 ZIO 策略还是 Non‐ZIO 策略，增加订货量来规避风险并不是总是可行的，在 Non‐ZIO 策略下应该通过"少量多次"地订货来避免断货风险所造成的损失。

进一步分析权重函数对于系统成本的影响。q_w^*，r_w^* 为使得效用函数 $g_Z(q_w)$，$g_N(q_w,r_w)$ 取得最小值时的最优订货量与最优再订货点。我们分别计算决策者完全理性下与具有风险态度的情况下的最低成本 $g_Z(q_w)$ 和 $g_N(q_w,r_w)$，并将二者之差 $g_z(q_w^*)-g_z(q^*)$ 用于衡量 ZIO 策略下，权重函数的引入所导致的成本偏差。与此相似，我们用比例式 $\dfrac{g_n(q_w^*,r_w^*)}{g_n(q^*,r^*)}$

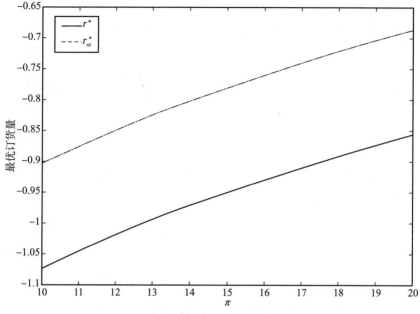

图 3 - 7　Non - ZIO 策略下 π 对再订货点 r^* 和 r_ω^* 的影响

来衡量 Non - ZIO 条件下的成本偏差。

　　结果如图 3 - 8 和图 3 - 9 所示。随着 π 从 10 开始逐渐递增，$g_z(q_w^*)$ - $g_z(q^*)$ 在 $\pi = 14$ 时降为 0，然后再增加。在 Non - ZIO 策略下，比例值 $\dfrac{g_n(q_w^*, r_w^*)}{g_n(q^*, r^*)}$ 随着 π 增加而减小。在 ZIO 和 Non - ZIO 策略下，图 3 - 8 和图 3 - 9 描述了 π 值对于系统的影响，并且清晰地反映出高估风险概率所增加的成本情况。

　　以上，我们通过对单变量 π 的取值变化比较研究了有限理性与完全理性模型中最优订货量与对应的系统成本，仿真结论可用简洁的图示描述。为了让结论更有普遍性，本节进行了规模为 1200 次的数值仿真。参数取值涵盖的取值区域更广，见表 3 - 5。通过分析大规模仿真结果发现，变化单变量 π 的研究结论可推广到一般情况。总结来说，有以下几点结论：

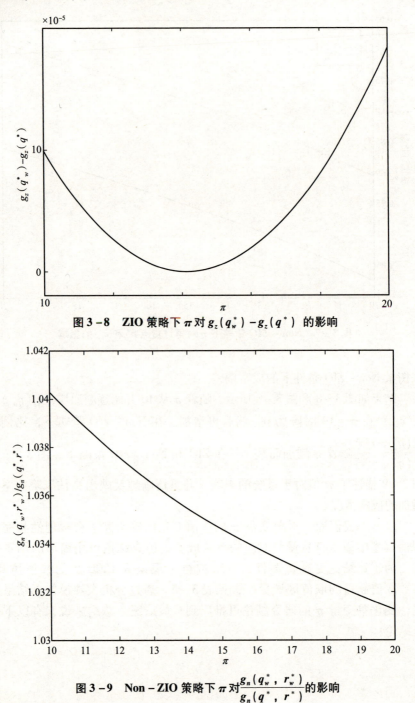

图 3-8　ZIO 策略下 π 对 $g_z(q_w^*) - g_z(q^*)$ 的影响

图 3-9　Non-ZIO 策略下 π 对 $\dfrac{g_n(q_w^*, r_w^*)}{g_n(q^*, r^*)}$ 的影响

表 3 – 5　　　　　　　　　　　广范围数值实验参数取值

参数	符号	数值
需求/时	D	1, 100, 1000
持货成本/时/件	h	10
固定订货成本/件	K	1, 10, 100, 1000
缺货成本/件	π	1, 10, 100, 1000
正常运行（up）时间均值	$1/\lambda$	0.1, 0.25, 0.5, 1, 2
中断（down）时间均值	$1/\mu$	10, 1, 0.5, 0.25, 0.1
权重函数参数	α	0.79
权重函数参数	β	0.99

（1）对于 ZIO 策略，无法确定 $q_w^* - q^*$ 的正负取值；

（2）对于 Non – ZIO 策略，q_w^* 小于 q^*，r_w^* 比 r^* 大；

（3）$g_z(q_w^*) \geq g_z(q^*)$，$g_n(q_w^*, r_w^*) \geq g_n(q^*, r^*)$，则无论在 ZIO 策略下还是 Non – ZIO 策略下，决策者的风险厌恶态度会导致成本的增加。

3.2.3　本节小结

本节针对连续盘点库存系统，分析库存管理者反 S 型权重偏好对其库存决策的影响。库存系统采用经典的 EOQD 模型，分别针对缺货不补和缺货回补讨论了 ZIO 策略与 Non – ZIO 策略。通过模型分析，得到了权重函数为关于订货量凹函数的性质，并通过大规模仿真实验，为库存管理者提出了管理上的建议。

3.3　本 章 小 结

本章讨论了决策者的风险态度特别是反 S 型权重偏好，在其采用库存策略应对供货风险时的最优决策，并与完全理性时的最优决策进行了比较分析。首先针对一类两级供应链，由单供应商和单零售商组成，供应商有一般供货风险。采用斯坦伯格模型分析供需双方的博弈，刻画了最优订购量和最优计划生产量。研究结论表明，当供需双方完全理性时，供应链仅能在极端情况下达到协调，没有现实意义；但是当供需一方或双方具有反 S 型权重偏好时，供应链有可能达到协调。

然后研究和分析了单节点的连续盘点库存系统。库存系统采用经典的 EOQD 模型决策，分别针对缺货不补和缺货回补讨论了 ZIO 策略与 Non－ZIO 策略。通过模型分析，得到了反 S 型权重函数关于订货量凹函数的性质。通过大规模仿真实验表明在 ZIO 策略下，具有反 S 型权重偏好的库存管理者采用增大订货批量规避风险并不总是明智的，在 Non－ZIO 策略下，建议反 S 型权重偏好的库存管理者少批量多频次订货。综上，本章分别在单节点和双节点库存系统中，讨论了管理者在应用库存策略应对供货风险时，其反 S 型权重偏好对其决策的影响，研究结果可为管理者在实际情况下的决策行为提供理论支持。

基于本章的研究，未来研究可在单节点库存系统中扩展讨论模型的近似解析解，并可考虑双供应商的情形。另外，在双节点供应链系统中，进一步分析供应链达到协调的理论条件是很有意义的研究专题。

第 4 章

备用供应商有横向公平偏好的
库存与供应链系统

已有行为经济学的研究[85][13][67][49]结论表明企业在追逐利益的同时容易受到社会偏好的影响，如企业无法避免与同行的比较，并且比较的结果通常影响其决策行为。本章讨论管理者采用备用供应商应对常规供货风险时，备用供应商可能的横向公平比较偏好对该策略实施的影响。针对常规供应商、备用供应商、与生产商组成的一对二供应链系统展开研究。本章内容组织结构为：首先讨论伯努利分布的一般供货风险，分析供应链上各方的最优策略；然后基于伯努利分布的一般供货风险下得到的简洁理论结果，设计实验并分析实验结论；进而扩展分析一般供货风险服从一般分布时的情形；最后总结本章结论。

4.1 模 型 描 述

考虑单销售季节的决策，库存系统（下称生产商）从常规供应商（表示为 S_1）补货并销往下游市场。常规供应商批发价格低，表示为 ω_1，但供货不稳定，表现为一般供货风险，用随机比例模型刻画。实际供货比例用随机变量 X 描述，$X \in [0, 1]$，分布函数为 $F(x)$，均值为 $\bar{r}$。若订货量为 q_1，则发货量为 $X \cdot q_1$。备用供应商（表示为 S_2）供货完全可靠，但批发价格高。生产商采用备用供应商紧急供货，应对常规供应商的实际发货量不能满足下游需求的情况。备用供应商收取预订费用，为生产商保有一定的能力，满足不超过能力的紧急供货订单。生产商预订量 q_2，紧急供货订单 Q_2，且 $Q_2 \leqslant q_2$。由于生产商支付给备用供应商货款包括预付金和紧急供货货款，我们引入预付金比例 k。备用供应商 S_2 批发价格表示为

ω_2，$\omega_2 \geqslant \omega_1$。令 ω_2' 表示预订量的单位价格，ω_2'' 表示紧急订单量的单位价格，$\omega_2' = k \cdot \omega_2$，$\omega_2'' = (1-k) \cdot \omega_2$，其中 $0 \leqslant k \leqslant 1$。$k = 0$ 表示生产商预定了 q_2 不支付预付金，$k = 1$ 表示生产商预订量 q_2，每件预付定金 ω_2。生产商为了应对 S_1 的一般供货风险，与备用供应商签订合约，约定预付金比例以及预订量，即 (k, q_2)，并支付预订费用 $k\omega_2 q_2$。

备用供应商 S_2 决策是否接受生产商提出的合约。S_2 衡量在交易中获得的效用值，若效用大于 0，则接受合约，否则拒绝合约。S_2 的效用函数表达式将在后续 "S_2 的决策问题" 中进行描述。我们采用菲尔等人[108]提出的差异厌恶模型刻画 S_2 的横向公平偏好。该模型描述了决策者不仅关注自身的物资回报，而且关注与其他社会参照系比较的综合效用。菲尔等人通过实证研究提出的差异厌恶模型，形式简单，被广泛应用于决策者公平偏好的研究，比如何和苏[15]，崔等人[105]等。在本章的模型中，S_2 与常规供应商比较期望收益大小以衡量合约是否公平。若 S_2 的期望收益比 S_1 小，则感知为不公平，并将不公平感知转化为负效用，抵消部分 S_2 的物资回报，从而影响 S_2 对合约的衡量评价以及合作与否的决策。若 S_2 的期望收益比 S_1 大，则不产生不公平感知，效用为其物资回报，这里我们假设 S_2 没有内疚的情绪。具体分析过程将于 4.2.2 小节中详细说明。另外一种常见的衡量公平的标准为利润比较，如崔等人[105]。考虑到利润计算涉及供应商的生产成本信息，而 S_2 较难得到 S_1 的生产成本信息，为了使模型更贴近实践，我们用收益而非利润作为 S_2 关注的参照系。实际上，本章的分析过程也可应用到用利润作为参照的系统。

生产商下游市场需求确定，用常数 D 表示。单位产品售价为 p，$p \geqslant \omega_2 \geqslant \omega_1$，即售价大于从供应商的批发价格。若生产商不能满足市场需求，不能满足的部分则产生单位缺货成本 π。

图 4 – 1 描述了事件发生的时间顺序。首先，生产商向 S_1 提交订单量 q_1，然后向 S_2 提出合约 (k, q_2)，并且等候 S_2 的反馈。

情况 1：若 S_2 拒绝合约，则交易只发生于生产商和常规供应商之间。在图 4 – 1 所示的执行阶段，带圆头的箭头表示发生的事件。若 S_1 的发货量是 Xq_1，那么生产商需要付货款 $\omega_1 Xq_1$ 给 S_1，对于 S_1 未能发货的部分，生产商收到 S_1 的赔偿为 $s(1-X)q_1$，其中 s 是单件赔偿价格。一般来说，赔偿价格低于生产商由于缺货赔偿给市场的价格，即 $s \leqslant \pi$。另一方面，生产商销售收益为 $p \cdot \min\{D, Xq_1\}$，缺货赔偿为 $\pi \cdot \max\{D - Xq_1, 0\}$，其中 $\max\{D - Xq_1, 0\}$ 为缺货量。

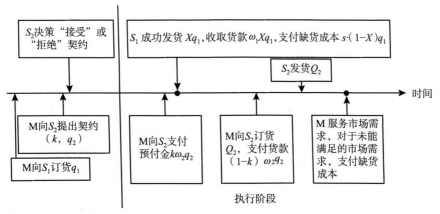

图 4-1　事件发生时间顺序

情况2：若 S_2 接受合约，则生产商、常规供应商和备用供应商三方均参与到交易中。生产商支付预付货款 $k\omega_2 q_2$ 给 S_2。基于 S_1 的实际发货量 Xq_1，生产商付货款 $\omega_1 Xq_1$ 并且收到 S_1 的缺货（参照 q_1）赔偿 $s(1-X)q_1$。生产商根据紧急订货量 Q_2 付给 S_2 货款 $(1-k)\omega_2 Q_2$。由于需求确定，紧急订货量为常规供应商实际发货量不能满足需求的部分与预订量取小得到，$Q_2 = \min\{[D-Xq_1]^+, q_2\}$。生产商从两个供应商处收到的总货物量为 $Xq_1 + Q_2$，销向市场获得收益以及赔付可能的缺货赔偿。S_2 的单位生产成本用 c_2 表示，生产成本应小于批发价格，$c_2 \leq \omega_2$。

不失一般性，市场需求可归一化为1，即 $D=1$。采用斯坦伯格博弈刻画生产商与供应商 S_1 的订货问题以及与供应商 S_2 的合约设计问题。符号定义如表 4-1 所示。

表 4-1　　　　　　　　　　　符号定义表

符号	说明
X	S_1 供货率
$\bar{r}$	S_1 供货率均值
p	M 单位销售价格
π	M 对下游需求的单位缺货惩罚
ω_1	S_1 批发价格
ω_2	S_2 批发价格

47

续表

符号	说明
c_2	S_2 单位生产成本
s	S_1 支付给 M 的单位缺货惩罚
q_1	从 S_1 的订货量
q_2	从 S_2 的预订量
k	预付金比例，$k \in [0, 1]$
Q_2	从 S_2 的紧急订货量，$Q_2 = \min\{[1 - Xq_1]^+, q_2\}$，这里 $[x]^+ = \max\{x, 0\}$

接下来，我们分析一个特例，即常规供应商的一般供货风险服从伯努利分布。由于伯努利分布简单易懂，并且理论结果比较简洁，本书基于伯努利分布的结论设计开发实验。服从一般分布的情形将在 4.4 节中描述。所有的结论都有助于理解供应链中的公平偏好行为，以及对决策者的影响。

4.2　模　型　分　析

本小节中，我们考虑 S_1 的一般供货风险服从伯努利分布：

$$X = \begin{cases} 1, & \text{概率为} \quad \bar{r} \\ 0, & \text{概率为} \quad 1 - \bar{r} \end{cases} \tag{4-1}$$

给定订货量为 q_1，则 S_1 的发货量为 $X \cdot q_1$，即，以 $\bar{r}$ 的概率发货量为 q_1，以 $1 - \bar{r}$ 的概率发货量为 0。首先我们讨论完全利己模型，在此基础上进一步分析公平偏好模型。

4.2.1　完全利己模型

在本小节中，我们假设备用供应商 S_2 没有横向公平偏好，而只是关注自身的物资回报（monetary payoff）。

4.2.1.1　S_2 的决策问题

完全利己的 S_2 评价合约的标准为合约执行过程中所获得的物资回报。

物资回报用期望利润表示。给定合约 (k, q_2)，物资回报函数为：

$$\Pi_{s_2}(k, q_2) = E[k\omega_2 q_2 + (1-k)\omega_2 Q_2 - c_2 Q_2] \qquad (4-2)$$

函数由三部分组成：预付金、紧急供货货款以及生产成本。很明显，Π_{s_2} 越大，对 S_2 越有利。由于 Q_2 是依赖于 S_1 发货量的随机变量，对于 S_2 来说，Π_{s_2} 中的第一项预付金越多越好，从而，可得 S_2 希望合约中 k 尽可能大。Π_{s_2} 可以写为：

$$\Pi_{s_2}(k, q_2) = E[k\omega_2(q_2 - Q_2) + (\omega_2 - c_2)Q_2]$$

订货量 Q_2 不会比预订量 q_2 大，从而第一项 $k\omega_2(q_2 - Q_2)$ 为非负。可直接看出第二项亦为非负，对于 $k \in [0, 1]$，从而有 $\Pi_{s_2} \geq 0$，也即 $q_2 > 0$，表示 S_2 对于预付金没有要求，会接受所有的合约。

4.2.1.2　M 的决策问题

生产商决策订货量 q_1、预付金比例 k 和从备用供应商的预订量 q_2 以极大化自己的期望利润。期望利润函数如下：

$$\Pi(q_1, k, q_2) = E[\underbrace{p\min\{1, Xq_1 + Q_2\}}_{\text{收益}} - \underbrace{(\omega_1 Xq_1 - s(1-X)q_1)}_{\text{支付给}S_1\text{的货款}}$$
$$- \underbrace{(k\omega_2 q_2 + (1-k)\omega_2 Q_2)}_{\text{支付给}S_2\text{的货款}} - \underbrace{\pi[1 - Xq_1 - Q_2]^+}_{\text{缺货惩罚}}]$$

如大括号中所示，期望利润函数包括利润、从 S_1 处的订货成本、从 S_2 处的订货成本以及可能的缺货成本。化简函数 Π，可得：

$$\Pi(q_1, k, q_2)$$
$$= E[p\min\{1, Xq_1 + Q_2\} - \omega_1 Xq_1 + s(1-X)q_1 - \omega_2 Q_2 - \pi[1 - Xq_1 - Q_2]^+$$
$$- k\omega_2(q_2 - Q_2)]$$

$$(4-3)$$

很明显函数 Π 关于 k 递减。由于 S_2 接受所有的合约 $k \in [0, 1]$，基于斯坦伯格博弈的规则，生产商作为先行者，必然会选择 k 等于 0，即是生产商可从 S_2 处补货，并且不付预付金。将 $k=0$ 代入式（4-3），有：

$$\Pi(q_1, q_2) = E[p\min\{1, Xq_1 + Q_2\} - \omega_1 Xq_1 +$$
$$s(1-X)q_1 - \omega_2 Q_2 - \pi[1 - Xq_1 - Q_2]^+] \qquad (4-4)$$

通过分析式（4-4）可以得到最优订货量 q_1^* 和 q_2^*。常规供应商的供货率 X 服从伯努利分布，而且市场需求为 1，可以很容易得到最优订货量 q_1^* 和 q_2^* 取值为 1 或者 0。因此，可能的最优解 (q_1^*, q_2^*) 为：(1, 0)；(0, 1)；(1, 1)。比较这三个可能点的期望利润，可以得到最优解 $(q_1^*,$

q_2^*）。这里我们没有比较（0，0）的情况，基于前面的分析，生产商销售价格高于批发价格，供应商批发价格高于生产成本，故发生交易一定优于不发生交易，因此不考虑（0，0）的情况。比较结果如命题 4.1 所示。

命题 4.1：（完全利己模型）生产商最优决策为 $(q_1^*, k^*, q_2^*) = (1, 0, 1)$，在最优决策下，生产商的期望利润为 $\Pi^* = p - \omega_1 \bar{r} + s(1 - \bar{r}) - \omega_2 (1 - \bar{r})$，备用供应商 S_2 的期望利润为 $\pi_{s_2}^* = (\omega_2 - c_2)(1 - \bar{r})$。

对于完全利己的 S_2，生产商采用双供应商策略，即从 S_1 处进货，并从 S_2 处补货。并且不付给 S_2 预付金。从而，生产商能够充分利用其垄断力量，避免了缺货，而供应商 S_2 则可能一无所获。

4.2.2　公平偏好模型

此小节中，将模型中引入备用供应商 S_2 的横向公平偏好。在合约（k, q_2）下，备用供应商 S_2 与常规供应商 S_1 比较期望收益大小，如果少于 S_1 的期望收益，则会感知到差异厌恶，从而影响其决策。生产商知道 S_2 的横向公平偏好，接下来分析生产商如何调整其最优策略。

4.2.2.1　S_2 的决策问题

函数 Π_{u_2} 表示 S_2 的效用函数。用菲尔等人[46]提出的差异厌恶模型刻画函数 Π_{u_2} 的函数形式如下：

$$\Pi_{u_2} = \Pi_{s_2} + \Pi_{f_2}$$

其中 Π_{s_2} 是物资回报，与式（4-2）一致，负效用 Π_{f_2} 为：

$$\Pi_{f_2}(k, q_2) = -\lambda \max\{\bar{r}\omega_1 q_1 - (k\omega_2 q_2 + (1-k)\omega_2 E[Q_2]), 0\}$$

$$(4-5)$$

参数 $\lambda(\geq 0)$ 表示 S_2 差异厌恶的程度。λ 越大，代表 S_2 差异厌恶程度更高。括号中第一项是表示 S_1 和 S_2 期望收益的差值。如果 S_2 的期望收益高于 S_1，那么 $\Pi_{f_2}(k, q_2)$ 等于 0，否则负效用 $\Pi_{f_2}(k, q_2)$ 等于差值 $\bar{r}\omega_1 q_1 - (k\omega_2 q_2 + (1-k)\omega_2 E[Q_2])$ 乘以参数 λ。将 Π_{f_2} 与 Π_{s_2} 相加，得到效用函数 Π_{u_2} 如下：

$$\Pi_{u_2}(k, q_2) = E[k\omega_2 q_2 + (1-k)\omega_2 Q_2 - c_2 Q_2]$$
$$- \lambda \max\{\bar{r}\omega_1 q_1 - (k\omega_2 q_2 + (1-k)\omega_2 E[Q_2]), 0\} \quad (4-6)$$

式（4 - 6）可写为：

$$\Pi_{u_2}(k,\ q_2) = \begin{cases} k\omega_2(1+\lambda)(q_2 - E[Q_2]) - c_2 E[Q_2] - \lambda \bar{r}\omega_1 q_1 + (1+\lambda)\omega_2 E[Q_2] \\ \quad 当\ \bar{r}\omega_1 q_1 \geqslant k\omega_2 q_2 + (1-k)\omega_2 E[Q_2] \\ k\omega_2(q_2 - E[Q_2]) + (\omega_2 - c_2)E[Q_2] \\ \quad 当\ \bar{r}\omega_1 q_1 \geqslant k\omega_2 q_2 + (1-k)\omega_2 E[Q_2] \end{cases}$$

在模型中，$q_2 = 0$ 表示生产商不会从 S_2 处预订能力。因此，需要 S_2 作出回应的合约需满足 $q_2 > 0$。同时，$q_1 = 0$ 表示生产商不会从 S_1 处进货，此时 $E(Q_2)$ 与 q_2 相等，并且备用供应商的物资回报等于 $(\omega_2 - c_2)q_2$。这两种情形下，决策与 k 无关。备用供应商 S_2 接受合约的条件为 $\Pi_{u_2}(k,\ q_2) \geqslant 0$。满足此条件的合约可以很容易得到，如命题 4.2 所示。

命题 4.2：（公平偏好模型）当 $q_1 = 0$，对于 $q_2 > 0$ 的合约，备用供应商均接受合约。当 $q_1 > 0$，备用供应商接受的合约需满足 $k \geqslant \max\{A,\ 0\}$，$q_2 > 0$，其中：

$$A = \frac{\lambda(\bar{r}\omega_1 q_1 - \omega_2 E[Q_2]) - (\omega_2 - c_2)E[Q_2]}{\omega_2(1+\lambda)(q_2 - E[Q_2])}$$

当 $A \geqslant 0$ 时，S_2 接受的预付金比例 k，需要比 A 大；当 $A \leqslant 0$ 时，任何 $k \in [0,\ 1]$ 均可接受。

在完全利己模型中，我们已证明了 S_2 可接受 $k \in [0,\ 1]$ 的任意值。然而，从命题 4.2 可知，有公平偏好的 S_2 可接受的 k 值具有一定的范围。有公平偏好的 S_2 比完全利己的 S_2 要求更高的预付费用。我们知道在给定预订量 $q_2 > 0$ 的情况下，k 越大代表预付金越高。进一步，对 A 求关于 λ 的一阶导数，得：

$$\frac{\omega_2(q_2 - E[Q_2])((\omega_2 - c_2)E[Q_2] + \bar{r}\omega_1 q_1 - \omega_2 E[Q_2])}{(\omega_2(1+\lambda)(q_2 - E[Q_2]))^2}$$

很明显，如果 $A \geqslant 0$，那么有：

$$\bar{r}\omega_1 q_1 - \omega_2 E[Q_2] \geqslant 0$$

又因为 $q_2 \geqslant E[Q_2]$ 和 $\omega_2 \geqslant c_2$，有该一阶导数 $\geqslant 0$。一阶导数为正表示 $A(\geqslant 0)$ 关于 λ 递增，从而 k 关于 λ 递增（为了简化，我们"递增"表示"非减"）。有公平偏好的 S_2 可接受的预付金费用随其差异厌恶的程度增加而增加。差异厌恶的程度越高，预付金要求越高。

4.2.2.2　M 的决策问题

生产商极大化自身的期望利润作出决策 $(q_1,\ k,\ q_2)$。期望利润函数如式（4–3）所示。这里，$q_2 = 0$ 表示生产商仅从 S_1 进货，$q_1 = 0$ 表示生产商仅从 S_2 进货。对于这两种情况，生产商可以简单地令 $k^* = 0$，然后获得利润：

$$\Pi(0, 1) = p - \omega_2$$
$$\Pi(1, 0) = p\bar{r} - \omega_1\bar{r} + (s - \pi)(1 - \bar{r})$$

如果 $q_1 > 0$ 且 $q_2 > 0$，由于 S_2 关注公平，生产商需要令 k^* 达到 S_2 的接受要求，再极大化自身的利润。从而 $k^* = \max\{A, 0\}$。将 $k^* = \max\{A, 0\}$ 代入式（4–3），有：

$$\prod(q_1, q_2) =$$
$$\begin{cases} E[p\min\{1, Xq_1 + Q_2\} - \omega_1 Xq_1 + s(1 - X)q_1 - \omega_2 Q_2 - \pi[1 - Xq_1 - Q_2]^+], & \text{当 } A \leqslant 0 \\ E[p\min\{1, Xq_1 + Q_2\} - \omega_1 Xq_1 + s(1 - X)q_1 - \omega_2 Q_2 - \pi[1 - Xq_1 - Q_2]^+] \\ \quad - \dfrac{\lambda(\bar{r}\omega_1 q_1 - \omega_2 E[Q_2]) - (\omega_2 - c_2)E[Q_2]}{1 + \lambda}, & \text{当 } A \geqslant 0 \end{cases}$$

$$(4-7)$$

可以看到，$\Pi(q_1, q_2)$ 关于 Q_2 递增，并且 $Q_2 = \min\{[1 - Xq_1]^+, q_2\}$ 关于 q_2，$0 \leqslant q_2 \leqslant 1$ 递增。因此，最优的 q_2^* 等于1。另一方面，令：

$$\check{q}_1 = \frac{(1 + \lambda)\omega_2 - c_2}{\bar{r}((1 + \lambda)\omega_2 + \lambda\omega_1 - c_2)}$$

满足 $A(q_1 = \check{q}_1, q_2 = 1) = 0$。因为常规供应商供货率 X 服从伯努利分布，并且市场需求为1，在 $q_1 > 0$ 且 $q_2 > 0$ 的时候，极大值在点 $(1, 1)$ 或 $(\check{q}_1, 1)$ 处取得。

因此，(q_1^*, q_2^*) 可能取得最优值的点为：$(1, 0)$；$(0, 1)$；$(1, 1)$ 和 $(\check{q}_1, 1)$。比较每个点上的期望利润，取得最大期望利润的点即是最优的 (q_1^*, q_2^*)，根据命题4.2，最优的预付金比例 k^* 可以得到。

为了直观地分析生产商的最优订货策略，我们进一步简化，并约束订货量 q_1 和预订量 q_2 仅取值 0 或者 1，即生产商如从某个供应商处补货，则订单量为1，否则为不从该供应商处补货。这个简化模型将用于后续的4.3节中的实验中，简化了被试的决策。并且，我们在4.4节中松弛了订货量的约束和伯努利分布的限制，对一般模型亦进行了分析讨论。

现在，由于 q_1 和 q_2 取值为 0 或者 1，最优决策 (q_1^*, k^*, q_2^*) 将会在点 $(1, 0, 0)$；$(0, 0, 1)$；或者 $(1, k(1, 1), 1)$ 上取得。比较对应的期望利润值，便可得生产商的最优决策，如命题4.3所示。

命题4.3：（公平偏好模型）将 $\bar{r}$ 和 λ 的定义域分为四个区域：（1）、（2）、（3）和（4）刻画。其中（1）：$0 \leqslant \bar{r} \leqslant L(\lambda)$；（2）：$L(\lambda) \leqslant \bar{r} \leqslant N(\lambda)$；（3）：$N(\lambda) \leqslant J$；（4）：$J \leqslant \bar{r}$，$N(\lambda) \leqslant \bar{r} \leqslant 1$。

每个区域内，生产商的最优决策（q_1^*，k^*，q_2^*），以及对应的最大期望利润 Π^*，备用供应商 S_2 的期望利润 $\Pi_{s_2}^*$ 和效用 $\Pi_{u_2}^*$ 如表4-2所示。

表4-2

(q_1^*，k^*，q_2^*)	Π^*	$\Pi_{s_2}^*$	$\Pi_{u_2}^*$
（ⅰ）(1, 0, 1)	$p - w_1\bar{r} + s(1-\bar{r})$ $- w_2(1-\bar{r})$	$(w_2 - c_2)(1-\bar{r})$	$(w_2 - c_2)(1-\bar{r})$ $- \lambda \max$ $\{\bar{r}w_1 - (1-\bar{r})w_2, 0\}$
（ⅱ）(1, $A(\lambda, \bar{r})$, 1)	$\dfrac{p - w_1\bar{r} + s(1-\bar{r})}{1+\lambda} - \dfrac{\lambda\bar{r}w_1 + c_2(1-\bar{r})}{1+\lambda}$	$\dfrac{\lambda(\bar{r}w_1 - c_2(1-\bar{r}))}{1+\lambda}$	0
（ⅲ）(0, 0, 1)	$p - w_2$	$w_2 - c_2$	$w_2 - c_2$
（ⅳ）(1, 0, 0)	$p - w_1\bar{r} + s(1-\bar{r})$ $- \pi(1-\bar{r})$	0	0

其中：

$$L(\lambda) = \frac{\omega_2 - c_2 + \lambda\omega_2}{\omega_2 - c_2 + \lambda(\omega_1 + \omega_2)}$$

$$N(\lambda) = \frac{p + \pi - c_2 + \lambda(p+\pi)}{p + \pi - c_2 + \lambda(p + \pi + \omega_1)}$$

$$J = \frac{p + \pi - s - \omega_2}{p + \pi - s - \omega_1},$$

$$A(\lambda, \bar{r}) = \frac{\lambda(\bar{r}\omega_1 - \omega_2(1-\bar{r})) - (\omega_2 - c_2)(1-\bar{r})}{(1+\lambda)\bar{r}\omega_2}$$

由最优订货量可以看出，区域（1）和区域（2）订货策略为从两个供应商处都补货，表示为 $S_1 + S_2$；区域（3）仅从 S_2 处进货，表示为 S_2；区域（4）仅从 S_1 处进货，表示为 S_1。

命题4.3描述了最优决策分属四个区域，每个区域可由 $\bar{r}$ 和 λ 决定。将这些区域表示在由 λ 和 $\bar{r}$ 的坐标系中，如图4-2所示。可以看到区域（ⅰ）由曲线 $\bar{r}=0$，$\lambda=0$ 和 $\bar{r}=L(\lambda)$ 形成，同样地，其他的区域也可以类似得到。线 $\bar{r} = J$ 与曲线 $\bar{r} = N(\lambda)$ 交于点 $I = \dfrac{(p + \pi - c_2)(\omega_2 - \omega_1)}{(p + \pi)(2\omega_1 + s)}$。由于 $\omega_2 \leq p + \pi$，对于给定 $\lambda \geq 0$，有 $L(\lambda) \leq N(\lambda)$。因此曲线 $L(\lambda)$ 在曲线 $N(\lambda)$ 的下方。我们对 $L(\lambda)$ 和 $N(\lambda)$ 关于 λ 求一阶导数和二阶导数，得一阶导数为负，二阶导数为正，从而曲线 $L(\lambda)$ 和 $N(\lambda)$ 减凸。可以看到，当 $\lambda = 0$，有 $L(0) = N(0) = 1$，因此当 $\bar{r} \in [0, 1]$ 时，$(1, 0, 1)$ 是最优点，这与完全利己模型中的结论一致。

令 $\bar{r} \leq J$ 表示低可靠度，$\bar{r} \geq J$ 表示高可靠度。给定 $\bar{r}(\leq J)$，随着 λ 的增大，在区域（ⅰ）中生产商采用"双供应商无预付金策略"，随着 λ 增加，在区域（ⅱ）中采用"双供应商有预付金策略"，在区域（ⅲ）中采用单供应商 S_2 策略。给定 $\bar{r} \geq J$，随着 λ 的增大，生产商的订货策略依次为："双供应商无预付金策略"、"双供应商有预付金策略"和"单供应商 S_1 策略"。

显然，当备用供应商有公平偏好时，生产商采用的订货策略不仅仅是完全利己模型中所描述的单一的双供应商无预付金策略，而是多样化的。我们知道 λ 越大代表备用供应商越关注公平。因此，在 λ 相对较低的区域，生产商更愿与备用供应商签订合同，并且给合理的预付金或者仅从备用供应商处补货的优待。另一方面，我们知道高可靠度表示常规供应商更加有竞争力。因此我们可以看到，在高可靠度的区域，生产商调整对备用供应商的策略仅仅当备用供应商的 λ 较低的时候，而当 λ 较高时，生产商则不考虑 S_2 而仅从 S_1 进货。

进一步从纵向看生产商订货策略的变化。给定 $\lambda \leq I$（我们称之为较低程度的差异厌恶），当 $\bar{r}$ 从 0 增加，生产商的订货策略顺序为：在 $\bar{r}$ 较低时，采用"双供应商无预付金策略"，区域（ⅰ）；在 $\bar{r}$ 取值中等时，采用"双供应商有预付金策略"，区域（ⅱ）；在 $\bar{r}$ 较高时，采用"单供应商策略 S_1"，区域（ⅳ）。可以看到，在较低的差异厌恶程度下，生产商在大部分区域采用双供应商策略，当 $\bar{r}$ 较高时采用单供应商 S_1 策略。给定 $\lambda \geq I$（我们称之为较高程度的差异厌恶），当 $\bar{r}$ 从 0 增加时，生产商的订货策略依次为：在 $\bar{r}$ 较低时，采用"双供应商无预付金策略"，区域（ⅰ）和区域（ⅱ）；在 $\bar{r}$ 取值中等时，采用"单供应商策略 S_2"，区域（ⅲ）；在 $\bar{r}$ 较高时，采用"单供应商策略 S_1"，区域（ⅳ）。可以看到，在较高的差异厌恶程度下，生产商几乎不采用双供应商无预付金策略，而是改为对 S_2 更好的策略，如双供应商有预付金策略，以及单供应商 S_2 策略。但是，

如果 S_1 可靠度较高，生产商则会不考虑 S_2 而只从 S_1 处进货。

图 4 - 2 描述了生产商的最优订货策略对 S_1 的可靠度以及 S_2 关注公平偏好的程度的变化。低可靠度减弱了 S_1 的竞争力，高公平偏好程度减弱了 S_2 的竞争力。

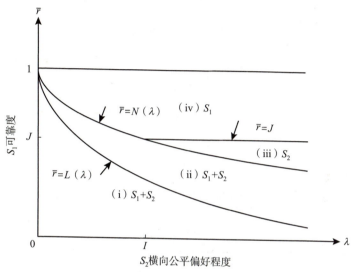

图 4 - 2　采购策略关于 $\bar{r}$ 和 λ 的变化（限制模型）

接下来，我们考察批发价格 ω_2 对生产商的最优订货策略的影响。令 $\omega_2^a \geqslant \omega_2^b \geqslant \omega_1$，图 4 - 3 中实线指 ω_2^a，虚线指 ω_2^b。可以看到当 S_2 的批发价格从 ω_2^a 降到 ω_2^b，区域（ⅰ）和区域（ⅳ）缩小，区域（ⅱ）和区域（ⅲ）增加。说明生产商在 S_2 价格较低时，对 S_2 更偏爱。当 ω_2^b 减小到 ω_1，则 J' 等于 1，I' 等于 0，区域（ⅳ）完全被区域（ⅲ）取代，由于 S_1 有缺货补偿，生产商仍然在区域（ⅰ）和区域（ⅱ）采用双供应商策略。即是说，即便 S_2 的价格与 S_1 相等，生产商仍然不采用单供应商策略 S_2。

当 S_2 有公平偏好时，考察生产商和供应商 S_2 的最大期望利润与完全利己模型下期望利润的变化。令 Δ_m 表示生产商利润的差值，$\Delta_m = \Pi^* - \Pi^{*'}$，其中 Π^* 和 $\Pi^{*'}$ 分别代表 S_2 是有公平偏好以及 S_2 完全利己时，生产商的极大期望利润。令 Δ_s 表示 S_2 利润的差值，$\Delta_s = \Pi_{s_2}^* - \Pi_{s_2}^{*'}$，其中 $\Pi_{s_2}^*$ 和 $\Pi_{s_2}^{*'}$ 分别表示 S_2 有公平偏好时以及完全利己时的极大期望利润。图 4 - 4 中每一个区域的变化趋势如下。

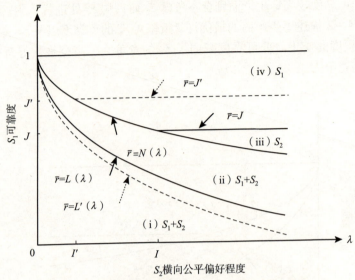

图 4 - 3　S_2 批发价格对采购策略的影响（限制模型）

$\Delta s(\text{i})$	$\Delta s(\text{ii})$	$\Delta s(\text{iii})$	$\Delta s(\text{iv})$	$\Delta m(\text{i})$	$\Delta m(\text{ii})$	$\Delta m(\text{iii})$	$\Delta m(\text{iv})$
0	+	+	−	0	−	−	−

图 4 - 4　利润差值分析

可以看到，当 S_2 有公平偏好时，生产商总是获得较少的利润，备用供应商 S_2 则有可能获得更多利润。但是，S_2 的公平偏好诉求并不能总是让其获利，例如在区域（iv）中，有公平偏好的 S_2 比完全利己的 S_2 获得的利润更少。

如果生产商不理会 S_2 的公平偏好诉求，而采用完全利己模型作为其决策依据，我们称之为幼稚生产商。幼稚生产商往往相信供应商是完全利己的，从而采用双供应商无预付金策略，如命题 4.3 所示。那么，在命题 4.3 中的区域（ii）和区域（iii），生产商将不能获得备用供应商的合作支持，导致在风险发生时引起缺货，造成缺货惩罚损失。

4.3　实验研究

基于本章所研究的供应链，通过设计实验，以求证备用供应商是否存在横向公平偏好。实验设计依据伯努利模型的理论结果，采用简化模型，约束订货量为 0 或 1。实验中被试在计算机屏幕上能清晰地看到各种合约选择，通过比较每种合约的回报作出决策。如果备用供应商是完全利己的，生产商采用的最优合约应该是 $(q_1^*, k^*, q_2^*) = (1, 0, 1)$，这一结论来自于完全利己模型的结果。因此，如果生产商并不只选择合约 $(1, 0, 1)$，还选择别的合约比如 $(1, k, 1)$、$(0, 0, 1)$ 或者 $(1, 0, 0)$，并且备用供应商有明显拒绝合约 $(1, 0, 1)$ 的现象，我们就可以说备用供应商作决策时会受到公平偏好的影响。简化模型的理论结果可有效地支持实验设计，并能得到简洁明了的实验结果，判断备用供应商是否具有横向公平偏好的假设。

实验分两期进行，一期为低可靠度，另一期为高可靠度。这里可靠度指常规供应商的供货率，用伯努利分布的均值表示。

4.3.1 实验设计

被试通过计算机操作实验。在三人一组的供应链中常规供应商由计算机扮演，生产商与备用供应商由人扮演。实验参数如表 4 – 3 所示。基于表 4 – 3 中的参数取值，图 4 – 2 中的 J 取值为 0.75。因此，我们对称地设低可靠度为 $\bar{r} = 0.6$，高可靠度为 $\bar{r} = 0.9$。

扮演生产商的被试可通过计算机操作界面，看到表 4 – 3 中第一列、第二列以及第三列的 $\bar{r}$ 值。扮演备用供应商的被试可通过计算机操作界面，看到参数 ω_1、ω_2、D、c_2 以及 $\bar{r}$。备用供应商不知道生产商的成本、盈利等私有信息，以避免其与生产商比较，引起纵向公平偏好比较。

表 4 – 3 实验设计参数

参数符号及取值			
$D = 1$	$w_1 = 40$	$s = 0$	
$p = 50$	$w_2 = 45$	$\bar{r} = 0.6$	低可靠度实验
$\pi = 10$	$c_2 = 40$	$\bar{r} = 0.9$	高可靠度实验
$k = (0, 0.1, 0.2, 0.3, 0.4, 0.5)$			低可靠度实验
$k = (0, 0.02, 0.04, 0.06, 0.08, 0.1)$			高可靠度实验

生产商可通过计算机界面看到 8 个可选策略：仅从常规供应商进货、仅从备用供应商进货以及 6 个具有不同预付金比例的双供应商策略，预付金比例 k 的值如表 4 – 3 所示。在此模型中，策略与订货量有直接简单的对应关系。单供应商策略表示 $q_1 = 1$、$q_2 = 0$ 或者 $q_1 = 0$、$q_2 = 1$；双供应商策略表示 $q_1 = 1$ 和 $q_2 = 1$。因此，计算机界面上不必显示订货量的信息。这 8 个策略代表备用供应商不同的公平偏好程度。对于每种策略，计算机计算供应链三方相应的期望利润和期望收益值提供给被试。在生产商的界面上，备用供应商接受合约以及拒绝合约的结果会分别提供。例如，如果生产商打算提交双供应商策略，可先点击不同 k 的按键，在弹出框中查阅对应的计算结果，通过比较各个策略的结果，再做出最终的选择。如果生产采用仅从常规供应商进货策略，备用供应商不参与交易，扮演备用供应商的被试不需要提交决策。如果生产商采用仅从备用供应商进货策略，则常规供应商不参与交易，对备用供应商来说，这是最好的合约形式。生产商选定并提交策略时，在弹出框中确认后，提交策略成功。

扮演备用供应商的被试可在计算屏幕上看到生产商提供的合约信息、如果接受此合约备用供应商能获得的期望收益和期望利润以及常规供应商在此合约下的期望收益（需要注意的是，常规供应商的期望收益不受备用供应商的决策影响）。如果生产商采用双供应商策略，备用供应商基于常规供应商的期望收益、自己的期望收益、期望利润信息选择接受合约或者拒绝合约。如果生产商提交仅从常规供应商进货，备用供应商不需要作决策，直接进入下一轮实验。如果生产商仅从备用供应商进货，常规供应商的期望收益为 0，因此备用供应商总是会接受合约。备用供应商决定了接受或拒绝合约后则点击提交按钮，确认提交。

根据常规供应商的伯努利分布供货率，计算机产生随机数 0 或者 1 表示常规供应商的实际发货量。计算机结算并记录供应链三方的利润等数据，进入下一轮实验。

实验系统采用 MySQL 作为后台的数据库，通过 MyEclipse6.0 平台开发。除了组织实验的模块之外，还设计了管理员模块。管理员模块的功能包括：设置实验参数、新建实验、管理实验进程以及查看实验数据。

4.3.2　实验结论

实验共招募被试 58 名，均为本科或者研究生，大部分专业与管理和工程相关。实验分两期进行：低可靠度实验，$\bar{r}=0.6$；高可靠度实验，$\bar{r}=0.9$。从被试中随机挑出 28 名进行低可靠度实验，余下 30 名参与高可靠度实验。在每期实验之初，详细介绍实验的背景、实验系统的操作以及盈利的计算方法。之后，对每个被试进行编号，并通过计算机系统随机将被试分为两组，一组为备用供应商，一组为生产商。实验持续 40 轮，前 10 轮被试熟悉系统不记录报酬，余下的 30 轮为正式实验，记录报酬。每一轮实验开始前，生产商与备用供应商随机配对，从而每个被试可以与不同的人配对，避免重复效应。正式实验操作限制为 100 秒，其中生产商决策时间为 60 秒，备用供应商的决策时间为 40 秒。

在实验开始之前，确认被试已了解实验的现金报酬与其绩效也即 30 轮的实际总利润为线性关系。被试可以在"历史页面"查看自己的操作以及利润记录情况。两期实验每个被试平均所得人民币 48 元，其中生产商最高获得 56 元，最低获得 37 元；备用供应商最高获得 60 元，最低获得 31 元。

低可靠度实验获得样本量 $N=420$，高可靠度实验获得样本量 $N=450$。图 4-5 描述了扮演生产商被试的策略选择分布，以及对应的扮演备用供应商的拒绝比例。通过图 4-5，可直观地看出备用供应商的公平偏好和生产商对其偏好所采取的策略调整。

在低可靠度实验中，生产商扮演者最频繁采用的策略是双供应商策略，预付金比例 $k=0.1$，其次是双供应商策略，预付金比例 $k=0$，再次是仅从备用供应商进货策略。策略选择分布表明生产商并不认为备用供应商是完全利己的，而是承认备用供应商有公平偏好，从而提出更好的合约以取悦备用供应商。在高可靠度实验中，生产商扮演者最频繁采用双供应商策略，预付金比例 $k=0$，其次是双供应商策略，预付金比例 $k=0.02$，再次为仅从常规供应商进货策略。由于常规供应商可靠度较高，生产商取悦备用供应商的动机减弱，但是仍然可以发现一部分生产商选择了非双供应商策略，$k=0$。这说明在高可靠度实验中，生产商仍然承认备用供应商的公平偏好（如果生产商不承认备用供应商的公平偏好，则会选择双供应商策略，$k=0$。这一结论可以从完全利己模型的结果推出）。综上，在高低可靠度两期实验中，生产商均表现为承认备用供应商的公平偏好，并采取了措施应对。

另一方面，备用供应商并不是完全利己，有钱就赚，而是拒绝了生产商提出的相当部分的合约。在低可靠度实验中，总共有 367 个样本为双供

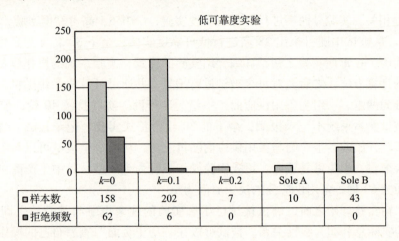

低可靠度实验

	$k=0$	$k=0.1$	$k=0.2$	Sole A	Sole B
□ 样本数	158	202	7	10	43
■ 拒绝频数	62	6	0		0

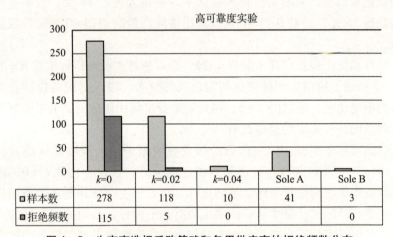

高可靠度实验

	$k=0$	$k=0.02$	$k=0.04$	Sole A	Sole B
□ 样本数	278	118	10	41	3
■ 拒绝频数	115	5	0		0

图 4 – 5　生产商选择采购策略和备用供应商的拒绝频数分布

注：Sole A（B）表示扮演生产商的被试采购策略为仅从常规（备用）供应商处采购。

应商策略，其中备用供应商回复为拒绝的占 68 个，拒绝率为 18.53%（$\chi^2 =$ 145.39，p-value = 0.000）。在高可靠度实验中，共有 406 个双供应商策略样本，其中备用供应商回复为拒绝的占 120 个，拒绝率为 29.56%（$\chi^2 =$ 67.872，p-value = 0.000）。拒绝率的显著性为备用供应商有公平偏好提供了强有力的支持。并且，拒绝率随着 k 增加而减少：在低可靠度实验中，拒绝率依次为 39.24%、2.97% 和 0，对应双供应商策略，$k = 0$、$k = 0.1$ 和 $k = 0.2$；在高可靠度实验中，拒绝率依次为 41.37%、4.24% 和 0，对应双供应商策略 $k = 0$、$k = 0.02$ 和 $k = 0.04$。生产商提出的合约与拒绝率的相关性进一步支持了我们的主要假设，即备用供应商具有显著的公平偏好。

接下来，运用极大似然估计的方法估算备用供应商的横向公平程度参数 λ。先采用诺夫检验（One - Sample Kolmogorov - Smirnov Test）判断样本数据的正态性。检验结果显示生产商的实际利润在低可靠度实验中，$Z = 7.856$，p-value < 0.001，在高可靠度实验中 $Z = 8.845$，p-value < 0.001；备用供应商的实际利润在低可靠度实验中，$Z = 7.825$，p-value < 0.001，在高可靠度实验中 $Z = 7.593$，p-value < 0.001。因此，可假设生产商的利润误差项 ε 为正态分布：

$$\Pi = \Pi^* + \varepsilon$$

其中 Π^* 是最优期望利润，Π 是实际利润，误差 ε 服从密度函数 ϕ，均值 μ，方差 σ^2。给定生产商的决策，备用供应商的效用为 $\Pi_{u_2}^*$，并基于效用而作出合作与否的决策。令 ξ 为备用供应商利润的误差，假设误差服从正态分布：

$$\Pi_{s_2} = \Pi_{s_2}^* + \xi$$

其中 $\Pi_{s_2}^*$ 是最优期望利润，Π_{s_2} 是实际利润，误差 ξ 服从密度函数 ϕ_s，均值 μ_s，方差 σ_s^2。因此，样本集 Π 和 Π_{s_2} 的似然函数为：

$$\phi(\Pi - \Pi^*) \cdot \phi_s(\Pi_{s_2} - \Pi_{s_2}^*)$$

通过变化参数 λ，μ，μ_s，σ 和 σ_s，找到似然函数的极大值，估计结果如表 4 - 4 所示。

表 4 - 4　　　　　　　　　　极大似然估计结果

参数	低可靠度实验	参数	高可靠度实验
μ	－ 2.448	μ	－ 1.329
σ	4.389	σ	4.78
μ_s	0.165	μ_s	0.009
σ_s	1.488	σ_s	1.199
λ	0.132	λ	0.004
LL	－ 1980.16	LL	－ 2062.91

可见，在低可靠度实验中，备用供应商横向公平的参数 $\lambda = 0.132$，在高可靠度实验中，$\lambda = 0.004$。参数 λ 为正，进一步证明在高低可靠度两

个实验中，备用供应商有公平偏好行为。

4.4　模　型　扩　展

至此，常规供应商的一般供货分布函数假设为服从伯努利分布。本节中，松弛伯努利分布的假设，而采用一般分布，分布函数用 $F(x)$ 表示，$x \in [0, 1]$。

值得一提的是，即便是一般供货风险服从一般分布，"S_2 的决策问题"以及"M 的决策问题"所定义的公式形式仍然不变，预付金比例取值范围仍然为 $k \in [0, 1]$。但是，订货量 q_1 和 q_2 不再仅取 0 或者 1，而是 $q_1 \geq 0$，$q_2 \in [0, 1]$。

在 S_1 的一般供货风险服从一般分布的情况下，虽然 S_2 的决策条件不变，我们仍然需要分析 M 的问题，以找到新的最优策略，将在下面的小节中详细说明。

4.4.1　完全利己模型

假设备用供应商是完全理性的，无横向公平偏好。由于式（4-3）中生产商的目标函数 Π 关于 k 递减，生产商设最优预付金比例 $k^* = 0$，从而目标函数可化为式（4-4）。进一步分析式（4-4）可得最优订货量 q_1^* 和 q_2^*。注意到 $\Pi(q_1, q_2) = E[p\min\{1, Xq_1 + Q_2\} - \omega_1 Xq_1 + s(1 - X)q_1 - \omega_2 Q_2 - \pi[1 - Xq_1 - Q_2]^+]$，$Q_2 = \min\{[1 - Xq_1]^+, q_2\}$。因此从 $\Pi(q_1, q_2)$ 的表达式可知，使得 $\Pi(q_1, q_2)$ 取极大值的 q_2 落在 $q_2 \in [0, 1]$ 范围内。接下来分段分析函数 $\Pi(q_1, q_2)$。定义域（$0 \leq q_1$，$0 \leq q_2 \leq 1$）可划分为三个区域，如图 4-6 所示。

我们首先需证明目标函数式（4-4）在每个区域内关于 q_1 和 q_2 为凹；再证明目标函数在整个定义域内凹；最后给出最优订货量 q_1^* 和 q_2^* 取值的条件。目标函数式（4-4）在每个区域内可整理如下：

① $(p + \pi - \omega_2)q_2 + (p + \pi - \omega_1)\bar{r} + s(1 - \bar{r})q_1$

② $\displaystyle\int_0^{\frac{1-q_2}{q_1}} (p(xq_1 + q_2) - \pi(1 - xq_1 - q_2) - \omega_2 q_2)f(x)\,\mathrm{d}x + \int_{\frac{1-q_2}{q_1}}^1 (p - \omega_2 (1 - xq_1)f(x)\,\mathrm{d}x - \omega_1\bar{r}q_1 + s(1 - \bar{r})q_1$，

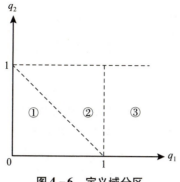

图 4 - 6　定义域分区

$$③ \int_0^{\frac{1-q_2}{q_1}} (p(xq_1 + q_2) - \pi(1 - xq_1 - q_2) - \omega_2 q_2) f(x) \, dx + \int_{\frac{1-q_2}{q_1}}^1 (p - \omega_2$$

$$(1 - xq_1)) f(x) \, dx) + \int_{\frac{1}{q_1}}^1 p f(x) \, dx - \omega_1 \bar{r} q_1 + s(1 - \bar{r}) q_1$$

可见，在区域①内目标函数为关于 q_1，q_2 的线性函数，因此在区域①为凹函数。在余下的区域②和区域③中，通过计算海塞矩阵可知，海塞矩阵在每个区域内满足负定性条件，因此可得目标函数在每个区域内均为凹函数。直线 $q_1 + q_2 = 1$ 和 $q_1 = 1$ 划分定义域为三个区域。很明显目标函数在定义域内连续，可计算交线的梯度向量。

交线 $q_1 + q_2 = 1$ 左右两侧的梯度向量 $\left(\dfrac{\partial \pi}{\partial q_1}, \dfrac{\partial \pi}{\partial q_2} \right)$ 为：

① $\{ (p + \pi - \omega_1) \bar{r} + s(1 - \bar{r}), \ p + \pi - \omega_2 \}$

② $\{ (p + \pi - \omega_1) \bar{r} + s(1 - \bar{r}), \ p + \pi - \omega_2 \}$

交线 $q_1 = 1$ 左右两侧的梯度向量 $\left(\dfrac{\partial \pi}{\partial q_1}, \dfrac{\partial \pi}{\partial q_2} \right)$ 为：

$$② \left\{ (p + \pi) \int_0^{\frac{1-q_2}{x}} f(x) \, dx + \omega_2 \int_{1-q_2}^1 x f(x) \, dx - \omega_1 \bar{r} - s(1 - \bar{r}), \ (p + \pi - \omega_2) \right.$$

$$\left. F(1 - q_2) \right\}$$

$$③ \left\{ (p + \pi) \int_0^{\frac{1-q_2}{x}} f(x) \, dx + \omega_2 \int_{1-q_2}^1 x f(x) \, dx - \omega_1 \bar{r} - s(1 - \bar{r}), \ (p + \pi - \right.$$

$$\left. \omega_2) F(1 - q_2) \right\}$$

交线 $q_1 + q_2 = 1$ 划分区域①和区域②。其左梯度向量 $\left(\dfrac{\partial \Pi}{\partial q_1}, \dfrac{\partial \Pi}{\partial q_2} \right)$ 等于右

梯度向量。交线 $q_1 = 1$ 划分区域②和区域③。其左梯度向量 $\left(\dfrac{\partial \Pi}{\partial q_1}, \dfrac{\partial \Pi}{\partial q_2} \right)$ 与右梯度向量相等。因此，交线上相等的左右梯度向量可得目标函数在整个定义域内为凹函数。

最后，寻找极大化目标函数的最优订货量（q_1^*, q_2^*）。在区域①，目标函数关于 q_1 和 q_2 线性增，在区域①内，由于 $q_1 + q_2 \leqslant 1$，极大值在点（1, 0）或点（0, 1）上取得（值得一提的是，如果 $(p + \pi - \omega_1)\bar{r} + s(1 - \bar{r}) = p + \pi - \omega_2$，直线上 $q_1 + q_2 = 1$ 所有的点都是最优的）。在区域②和区域③，目标函数关于 q_2 的偏导数为 $(p + \pi - c_2) \displaystyle\int_0^{\frac{1-q_2}{q_1}} f(x)\,\mathrm{d}x$，显然偏导数为非负，所以目标函数在区域②和区域③上关于 q_2 增。因此，对于任意 $q_1 \geqslant 0$，最优订货量 q_2 在区域②和区域③内取为 $q_2^* = 1$。将 $q_2^* = 1$ 代入对应区域的目标函数，可得：

② $p - \omega_2 + ((\omega_2 - \omega_1)\bar{r} + s(1 - \bar{r}))q_1$

③ $\displaystyle\int_0^{\frac{1}{q_1}} (p - \omega_2(1 - xq_1))f(x)\,\mathrm{d}x + \int_{\frac{1}{q_1}}^{1} pf(x)\,\mathrm{d}x - \omega_1\bar{r}q_1 + s(1 - \bar{r})q_1$

在区域②内，目标函数关于 q_1 线性递增，因此区域②内，目标函数极大值取在 $q_1 = 1$。在区域③，对目标函数关于 q_1 求偏导，可得 $\dfrac{\mathrm{d}\Pi}{\mathrm{d}q_1} = \displaystyle\int_0^{\frac{1}{q_1}} \omega_2 xf(x)\,\mathrm{d}x - (\omega_1\bar{r} - s(1 - \bar{r}))$。从而有 $\dfrac{\mathrm{d}\Pi}{\mathrm{d}q_1}\Big|_{q_1 = 1} = (\omega_2 - \omega_1)\bar{r} + s(1 - \bar{r}) \geqslant 0$，所以在区域③内，极大值在点 $\bar{q}_1$ 上取得，$\bar{q}_1$ 满足等式：

$$\int_0^{\frac{1}{q_1}} \omega_2 xf(x)\,\mathrm{d}x - (\omega_1\bar{r} - s(1 - \bar{r})) = 0 \qquad (4-8)$$

显然，存在一个唯一的 $\bar{q}_1 \geqslant 1$ 满足上式。到目前为止，已证明了区域①，最优订货量（q_1^*, q_2^*）为（0, 1）或（1, 0）；在区域②，为（1, 1）；在区域③，为（$\bar{q}_1$, 1）。从而，在整个定义域内的最优订货量可以通过比较目标函数在点（1, 0）；（0, 1）；（1, 1）；和（$\bar{q}_1$, 1）的值得到。比较结果如命题 4.4 所示。

命题 4.4：（完全利己模型）生产商采取的最优决策（q_1^*, k^*, q_2^*）＝（$\bar{q}_1$, 0, 1），可获得最大期望利润 $\Pi^* = p - \omega_1 F\left(\dfrac{1}{q_1}\right)$。在此决策下，备用供应商 S_2 获得期望利润 $\pi_{s_2}^* = (\omega_2 - c_2) \displaystyle\int_0^{\frac{1}{q_1}} (1 - x\bar{q}_1)f(x)\,\mathrm{d}x$。

命题4.4描述了生产商与完全利己的 S_2 合作所提出的合约内容。采用的策略为双供应商策略，没有预付金，这与命题4.1（4.2节，伯努利分布）中的结论一致。在备用供应商为完全利己的情况下，生产商可以利用其垄断力量获取供应链中的利润。下一小节中，继续讨论有公平偏好的供应商情况。

4.4.2 公平偏好模型

类似地，生产商极大化式（4-3）中期望利润 Π 决策（q_1，k，q_2）。当 $q_1 = 0$ 时，表示生产商仅从 S_2 进货。当 $q_2 = 0$ 时，表示生产商仅从 S_2 进货，在这两种情况下生产商不付预付金，即 $k^* = 0$。

如果 $q_1 > 0$，$q_2 > 0$，由于 S_2 有公平偏好，生产商需要提出合适的预付金比例 k^* 使得 S_2 能接受合约，即 $k^* = \max\{A, 0\}$。将 $k^* = \max\{A, 0\}$ 代入式（4-3），目标函数可化简为如式（4-7）所示的形式。令：

$$G_1(q_1, q_2) = E[p\min\{1, Xq_1 + Q_2\} \\ - \omega_1 Xq_1 + s(1-X)q_1 - \omega_2 Q_2 - \pi[1 - Xq_1 - Q_2]^+],$$

$$G_2(q_1, q_2) = E[p\min\{1, Xq_1 + Q_2\} \\ - \omega_1 Xq_1 + s(1-X)q_1 - \omega_2 Q_2 - \pi[1 - Xq_1 - Q_2]^+] \\ - \frac{\lambda(\bar{r}\omega_1 q_1 - \omega_2 E[Q_2]) - (\omega_2 - c_2)E[Q_2]}{1 + \lambda}$$

如果 $A(q_1, q_2) \leq 0$，目标函数 $\Pi(q_1, q_2) = G_1(q_1, q_2)$，否则 $\Pi(q_1, q_2) = G_2(q_1, q_2)$。

令 $B(q_1, q_2) = \lambda(\bar{r}\omega_1 q_1 - \omega_2 E[Q_2]) - (\omega_2 - c_2)E[Q_2]$，那么 $A(q_1, q_2) = \dfrac{B(q_1, q_2)}{\omega_2(1+\lambda)(q_2 - E[Q_2])}$。由于 $\omega_2(1+\lambda)(q_2 - E[Q_2])$ 总是大于0，所以 $A \geq 0$ 与 $B \geq 0$ 相等。如前面章节类似，分析的过程如下：首先证明目标函数 $G_1(q_1, q_2)$ 和 $G_2(q_1, q_2)$ 在每个区域内关于 q_1 和 q_2 凹；再证明 $G_1(q_1, q_2)$ 和 $G_2(q_1, q_2)$ 在整个定义域内凹；最后给出最优订货量 q_1^* 和 q_2^* 的条件。

函数 $G_1(q_1, q_2)$ 与完全利己模型中式（4-4）中的目标函数一致。因此，$G_1(q_1, q_2)$ 关于 q_1 和 q_2 在区域（$0 < q_1$，$0 < q_2 \leq 1$）内凹。另一方面，如图4-5所示，在定义域（$0 < q_1$，$0 < q_2 \leq 1$）中分三个区域进行整理函数 $G_2(q_1, q_2)$。

① $\left((p+\pi-\omega_1)\bar{r}+s(1-\bar{r})-\dfrac{\lambda\bar{r}\omega_1}{1+\lambda}\right)q_1+\left(p+\pi-\dfrac{c_2}{1+\lambda}\right)q_2-\pi$

② $\displaystyle\int_0^{\frac{1-q_2}{q_1}}\left(p(xq_1+q_2)-\pi(1-xq_1-q_2)-\dfrac{c_2q_2}{1+\lambda}\right)f(x)\,\mathrm{d}x+\int_{\frac{1-q_2}{q_1}}^1$

$\left(p-\dfrac{c_2(1-xq_1)}{1+\lambda}\right)f(x)\,\mathrm{d}x-\left(\omega_1\bar{r}-s(1-\bar{r})+\dfrac{\lambda\bar{r}\omega_1}{1+\lambda}\right)q_1$

③ $\displaystyle\int_0^{\frac{1-q_2}{q1}}\left(p(xq_1+q_2)-\pi(1-xq_1-q_2)-\dfrac{c_2q_2}{1+\lambda}\right)f(x)\,\mathrm{d}x+\int_{\frac{1-q_2}{q1}}^1$

$\left(p-\dfrac{c_2(1-xq_1)}{1+\lambda}\right)f(x)\,\mathrm{d}x-\left(\omega_1\bar{r}-s(1-\bar{r})+\dfrac{\lambda\bar{r}\omega_1}{1+\lambda}\right)q_1$

类似地，可证明函数 $G_2(q_1, q_2)$ 在每个区域内为凹函数，在这里，略去证明过程。以下分析交线 $q_1+q_2=1$ 和 $q_1=1$ 上的左右偏导数。

交线 $q_1+q_2=1$ 左右两侧的梯度向量 $\left(\dfrac{\partial\pi}{\partial q_1}, \dfrac{\partial\pi}{\partial q_2}\right)$ 为：

② $\left\{(p+\pi)\displaystyle\int_0^{\frac{1-q_2}{x}}f(x)\,\mathrm{d}x+\omega_2\int_{1-q_2}^1 xf(x)\,\mathrm{d}x-\omega_1\bar{r}-s(1-\bar{r}),\ (p+\pi-\omega_2)\right.$

$F(1-q_2)\Big\}$

③ $\left\{(p+\pi)\displaystyle\int_0^{\frac{1-q_2}{x}}f(x)\,\mathrm{d}x+\omega_2\int_{1-q_2}^1 xf(x)\,\mathrm{d}x-\omega_1\bar{r}-s(1-\bar{r}),\ (p+\pi-\omega_2)\right.$

$F(1-q_2)\Big\}$

交线 $q_1=1$ 左右两侧的梯度向量 $\left(\dfrac{\partial\pi}{\partial q_1}, \dfrac{\partial\pi}{\partial q_2}\right)$ 为：

② $\left\{(p+\pi)\displaystyle\int_0^{\frac{1-q_2}{x}}f(x)\,\mathrm{d}x+\dfrac{c_2}{1+\lambda}\int_{1-q_2}^1 xf(x)\,\mathrm{d}x-\omega_1\bar{r}-s(1-\bar{r})-\dfrac{\lambda\bar{r}\omega_1}{1+\lambda},\right.$

$\left(p+\pi-\dfrac{c_2}{1+\lambda}\right)F(1-q_2)\Big\}$

③ $\left\{(p+\pi)\displaystyle\int_0^{\frac{1-q_2}{x}}f(x)\,\mathrm{d}x+\dfrac{c_2}{1+\lambda}\int_{1-q_2}^1 xf(x)\,\mathrm{d}x-\omega_1\bar{r}-s(1-\bar{r})-\dfrac{\lambda\bar{r}\omega_1}{1+\lambda},\right.$

$\left(p+\pi-\dfrac{c_2}{1+\lambda}\right)F(1-q_2)\Big\}$

交线 $q_1+q_2=1$ 和 $q_1=1$ 上的左右偏导数相等，所以函数 $G_2(q_1, q_2)$ 在整个定义区域（$0<q_1$，$0<q_2\leqslant1$）凹。

已证明函数 $G_1(q_1, q_2)$ 和 $G_2(q_1, q_2)$ 在区域 $(0 < q_1, 0 < q_2 \le 1)$ 上为凹函数，因此存在点 (q_1, q_2) 极大化 $G_1(q_1, q_2)$ 和 $G_2(q_1, q_2)$。函数 $G_1(q_1, q_2)$ 与完全利己模型中的目标函数式（4-4）一致，故极大值在点 $(\overline{q_1}, 1)$ 上取得。进一步分析 $G_2(q_1, q_2)$ 的极值点。在区域①中，函数 $G_2(q_1, q_2)$ 为 q_1 和 q_2 的线性函数。在区域②和区域③，对 q_2 求偏导，可得 $(p + \pi - c_2) \int_0^{\frac{1-q_2}{q_1}} f(x)\,dx + \frac{\lambda c_2}{1+\lambda} \int_0^{\frac{1-q_2}{q_1}} f(x)\,dx$，偏导数非负。因此，在区域②和区域③上，函数 $G_2(q_1, q_2)$ 关于 q_2 递增，所以在这两个区域内最优订货量 q_2 为 1。再对区域②上 $G_2(q_1, q_2 = 1)$ 关于 q_1 求偏导，可得 $\frac{c_2 \bar{r}}{1+\lambda} - \left(\omega_1 \bar{r} - s(1-\bar{r}) + \frac{\lambda \bar{r} \omega_1}{1+\lambda} \right)$，用符号 SL 表示。如果 $SL \le 0$，则函数 G_2 在区域②和区域③内关于 q_1 递减。如果 $SL \ge 0$，则函数 G_2 在区域②内关于 q_1 递减。

在区域③上，对 $G_2(q_1, q_2 = 1)$ 关于 q_1 求偏导，可得 $\frac{c_2}{1+\lambda} \int_0^{\frac{1}{\tilde{q}_1}} xf(x)\,dx - \left(\omega_1 \bar{r} - s(1-\bar{r}) + \frac{\lambda \bar{r} \omega_1}{1+\lambda} \right)$。因此，当 $SL \ge 0$，区域②和区域③中存在点 $(\tilde{q}_1(\ge 1), 1)$ 极大化函数 $G_2(q_1, q_2)$，其中 $\tilde{q}_1$ 满足一阶最优性条件：

$$\frac{c_2}{1+\lambda} \int_0^{\frac{1}{\tilde{q}_1}} xf(x)\,dx = \omega_1 \bar{r} - s(1-\bar{r}) + \frac{\lambda \bar{r} \omega_1}{1+\lambda} \qquad (4-9)$$

定义 $\hat{q}_1$ 满足 $B(\hat{q}_1, 1) = 0$。由于 $B(q_1, q_2 = 1) = \lambda \bar{r} \omega_1 q_1 - (\lambda \omega_2 + \omega_2 - c_2) E[\min\{[1-xq_1]^+, 1\}]$ 关于 q_1 递增，并且 $B(0, 1) = (\lambda \omega_2 + \omega_2 - c_2) < 0$，所以存在 $\hat{q}_1 > 0$ 满足 $B(\hat{q}_1, 1) = 0$。

由于函数 $G_1(q_1, q_2)$ 和 $G_2(q_1, q_2)$ 在定义域 $(0 < q_1, 0 < q_2 \le 1)$ 内凹，所以函数 $\Pi(q_1, q_2)$ 在定义域 $(0 < q_1, 0 < q_2 \le 1)$ 内极大值取在 $(\overline{q_1}, 1)$，$(\tilde{q}_1, 1)$ 或 $(\hat{q}_1, 1)$。并且，对于 $q_1 = 0$，可以明显发现 $\Pi(q_1 = 0, q_2)$ 的极大值取在 $q_2 = 1$。对于 $q_2 = 0$，有 $\Pi(q_1, q_2 = 0) = E[p\min\{1, Xq_1\}] - (\omega_1 \bar{r} q_1 - s(1-\bar{r})q_1) - E[\pi[1-Xq_1]^+]$，将其整理，可得：

$\Pi(q_1, q_2 = 0) =$

$$\begin{cases} (p - \omega_1)\bar{r}q_1 - (\pi - s)(1 - \bar{r}q_1), & \text{当 } q_1 \le 1; \\ \int_0^{\frac{1}{q_1}} (pxq_1 - \pi(1 - xq_1))f(x)\,dx + \int_{\frac{1}{q_1}}^{1} pf(x)\,dx - \omega_1 \bar{r}q_1 + s(1-\bar{r})q_1, & \text{当 } q_1 \ge 1. \end{cases}$$

对函数 $\Pi(q_1, q_2 = 0)$ 关于 q_1 求导可得，当 $q_1 \le 1$，有 $(p + \pi \omega_1)\bar{r} + s(1 -$

$\bar{r}$）；当 $q_1 \geq 1$，有 $(p + \pi) \int_0^{\frac{1}{q_1}} xf(x)\,dx - (\omega_1\bar{r} - s(1 - \bar{r}))$。由于 $(p + \pi - \omega_1)$ $\bar{r} + s(1 - \bar{r}) \geq 0$，存在 $\dot{q}_1 \geq 1$ 满足等式：

$$(p + \pi)\int_0^{\frac{1}{\dot{q}_1}} xf(x)\,dx - (\omega_1\bar{r} - s(1 - \bar{r})) = 0 \qquad (4-10)$$

其中，$\bar{q}_1$、$\tilde{q}_1$ 和 $\dot{q}_1$ 的定义与函数 $\int_0^{\frac{1}{q_1}} xf(x)\,dx$ 相关，如式（4-8），式（4-9）和式（4-10）所示。很明显，函数 $\int_0^{\frac{1}{q_1}} xf(x)\,dx$ 关于 q_1 递减。又因为 $p + \pi \geq \omega_2$，有 $\dot{q}_1 \geq \bar{q}_1$。另外，从

$$\frac{c_2}{1 + \lambda}\int_0^{\frac{1}{\tilde{q}_1}} xf(x)\,dx = \omega_1\bar{r} - s(1 - \bar{r}) + \frac{\lambda\bar{r}\omega_1}{1 + \lambda} = \omega_2\int_0^{\frac{1}{\bar{q}_1}} xf(x)\,dx + \frac{\lambda\bar{r}\omega_1}{1 + \lambda},$$

可得：

$$\frac{c_2}{(1 + \lambda)\omega_2}\int_0^{\frac{1}{\tilde{q}_1}} xf(x)\,dx = \int_0^{\frac{1}{\bar{q}_1}} xf(x)\,dx + \frac{\lambda\bar{r}\omega_1}{(1 + \lambda)\omega_2} \leq \int_0^{\frac{1}{\bar{q}_1}} xf(x)\,dx,$$

并且：

$$\int_0^{\frac{1}{\tilde{q}_1}} xf(x)\,dx \leq \int_0^{\frac{1}{\bar{q}_1}} xf(x)\,dx,$$

有 $\tilde{q}_1 \leq \bar{q}_1$，从而 $\tilde{q}_1 \leq \bar{q}_1 \leq \dot{q}_1$。

综上，目标函数 $\Pi(q_1, q_2)$ 在定义域（$0 \leq q_1$，$0 \leq q_2 \leq 1$）内的极大值在点 $(0, 1)$、$(\dot{q}_1, 0)$、$(\bar{q}_1, 1)$、$(\tilde{q}_1, 1)$ 或 $(\hat{q}_1, 1)$ 上取得。通过比较每个点上的目标函数值，可得最优的决策，如命题4.5所示。

命题4.5：（公平偏好模型）生产商的最优决策 (q_1^*, k^*, q_2^*) 如下：

当 $SL \geq 0$ 时，

（1）若 $\hat{q}_1 \leq \tilde{q}_1$，$\Pi(\dot{q}_1, 0) \geq \Pi(\tilde{q}_1, 0)$，则 $(q_1^*, k^*, q_2^*) = (\dot{q}_1, 0, 0)$；

（2）若 $\hat{q}_1 \leq \tilde{q}_1$，$\Pi(\dot{q}_1, 0) \leq \Pi(\tilde{q}_1, 0)$，则 $(q_1^*, k^*, q_2^*) = (\tilde{q}_1, A, 1)$；

（3）若 $\tilde{q}_1 \leq \hat{q}_1 \leq \bar{q}_1$，$\Pi(\dot{q}_1, 0) \geq \Pi(\hat{q}_1, 0)$，则 $(q_1^*, k^*, q_2^*) = (\dot{q}_1, 0, 0)$；

（4）若 $\tilde{q}_1 \leq \hat{q}_1 \leq \bar{q}_1$，$\Pi(\dot{q}_1, 0) \leq \Pi(\hat{q}_1, 0)$，则 $(q_1^*, k^*, q_2^*) = (\hat{q}_1, 0, 1)$；

（5）若 $\hat{q_1} \geqslant \overline{q_1}$，则 $(q_1^*, k^*, q_2^*) = (\overline{q_1}, 0, 1)$；

当 $SL \leqslant 0$ 时，

（6）若 $\hat{q_1} \leqslant \overline{q_1}$，$\Pi(\dot{q_1}, 0) \geqslant \Pi(\hat{q_1}, 0)$，则 $(q_1^*, k^*, q_2^*) = (\dot{q_1}, 0, 0)$；

（7）若 $\hat{q_1} \leqslant \overline{q_1}$，$\Pi(\dot{q_1}, 0) \leqslant \Pi(\hat{q_1}, 0)$，则 $(q_1^*, k^*, q_2^*) = (\hat{q_1}, 0, 1)$；

（8）若 $\hat{q_1} \geqslant \overline{q_1}$，则 $(q_1^*, k^*, q_2^*) = (\overline{q_1}, 0, 1)$。

命题 4.5 明确了生产商随着参数不同而采取的相应的最优决策。如（6）和（7），由于 $SL \leqslant 0$，$G_2(q_1, 1)$ 关于 q_1 递减。因此最优的订货量 q_1^* 在点 $\hat{q_1}$、$\overline{q_1}$、$\dot{q_1}$ 或 0 上取得。由于 $\hat{q_1} \leqslant \overline{q_1}$ 和 $B(q_1, 1)$ 关于 q_1 递增，有 $B(\overline{q_1}, 1) \geqslant 0$，从而 q_1^* 不会取在点 $\overline{q_1}$。另外，由于凹函数 $G_1(q_1, 1)$ 在 $q_1 \leqslant \overline{q_1}$ 和 $\hat{q_1} \leqslant \overline{q_1}$ 上关于 q_1 递增，从而 q_1^* 不会取在点 0。因此 q_1^* 可能取 $\hat{q_1}$ 或 $\dot{q_1}$。比较目标函数值 $\Pi(\hat{q_1}, 1)$ 和 $\Pi(\dot{q_1}, 0)$，可得最终的最优决策，如（6）和（7）。余下的情形也可类似得到，在这里，省略具体的分析过程。

从命题 4.5 可知除了双供应商策略，不付预付金［情形（5）和情形（8）］之外，其他策略如仅从常规供应商进货、仅从备用供应商进货以及双供应商策略有预付金也分情况被采用。4.2 节中的结论表明，当备用供应商关注公平，生产商需要调整其策略，从而紧急备货策略（contingent-rerouting strategy）不再总是最优策略。

4.4.3 数值举例

如命题 4.5 所示，在常规供应商供货风险服从一般分布的情况下，生产商的最优决策 (q_1^*, k^*, q_2^*) 没有解析解。本节运用数值实验的方法分析生产商采取的订货策略，以及参数 λ 对系统的影响。命题 4.5 中明确了生产商在（1）、（3）和（6）的情形下采用决策 $(\dot{q_1}, 0, 0)$；在（4）和（7）的情形下采用决策 $(\hat{q_1}, 0, 1)$；在（5）和（8）的情形下采用决策 $(\overline{q_1}, 0, 1)$；在（2）的情形下采用决策 $(\tilde{q_1}, A, 1)$。在以 λ 为横坐标，$\bar{r}$ 为纵坐标的二维平面上，对最优决策的分布进行描述，如图 4-7 所示。参数设置：$p = 500$、$\pi = 50$、$c_2 = 250$、$s = 20$、$\omega_1 = 200$、$\omega_2 = 300$，常规供应商的一般供货风险服从均匀分布，当 $\bar{r} \leqslant 0.5$，定义域为 $[0, 2\bar{r}]$，当 $\bar{r} \geqslant 0.5$ 时，定义域为 $[2\bar{r} - 1, 1]$。

如图 4-7 所示，生产商在 λ 较小的时候选择 $(\overline{q_1}, 0, 1)$。随着 λ 增加，选择 $(\overline{q_1}, 0, 1)$ 的区域逐渐缩减，其他策略如 $(\hat{q_1}, 0, 1)$、$(\tilde{q_1}, A, 1)$ 和 $(\dot{q_1}, 0, 0)$ 的区域逐渐增大。我们知道，高 $\bar{r}$ 代表 S_1 能获得高的期望收益，S_2 更有可能落后于 S_1，从而引发差异厌恶。因此，随着 λ 增加，生产商通过调整从常规供应商的订货量 $\overline{q_1}$ 为 $\hat{q_1}$，或提高备用供应商的预付金比例 $k=0$ 到 $k=A$，以获得备用供应商的合作。但是，当 S_1 可靠度 $\bar{r}$ 很高时，生产商选择仅从 S_1 进货，决策为 $(\dot{q_1}, 0, 0)$。以上现象与之前讨论的伯努利分布情况下（图 4-2）的结论相似。

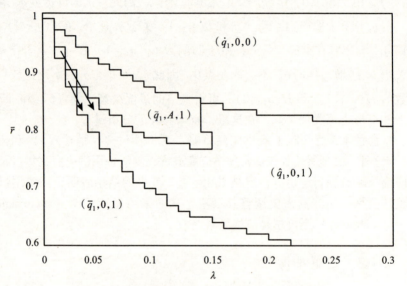

图 4-7 采购策略关于 $\bar{r}$ 和 λ 的变化（一般模型）

如图 4-7 所示，当 λ 变化，最优订货策略不一定变化，但是对应的期望利润却不一定保持不变。进一步，我们分析参数 λ 对生产商和备用供应商的期望利润的影响，分别考察常规供应商的一般供货风险服从均匀分布和正态分布两种情况。当服从均匀分布时，若 $\bar{r} \leqslant 0.5$，定义域为 $[0, 2\bar{r}]$；若 $\bar{r} \geqslant 0.5$，定义域为 $[2\bar{r}-1, 1]$。当服从正态分布 $N(\bar{r}, 0.1)$ 时，截断定义域区间为 $[0, 1]$。

图 4-8 中，左图描述了生产商的期望利润关于 λ 的变化。可见，随着 λ 增加，常规供应商供货风险服从均匀分布和正态分布下，生产商的期望利润都是递减的。图 4-8 中右图描述了备选供应的期望利润关

于 λ 的变化趋势。备用供应商的期望利润关于 λ 并无单调变化趋势，例如当 $\bar{r}=0.82$ 时，曲线表现为增—减—增—减的现象。备用供应商的公平偏好诉求并不能总是让其获益，一些情况下，公平偏好倾向程度高的备用供应商相比公平偏好程度低的备用供应商可能会获得更少的期望利润。

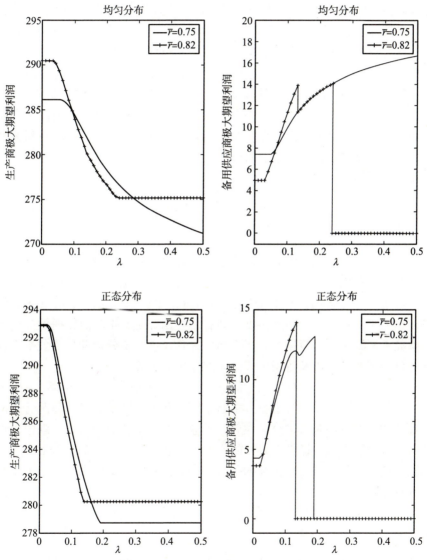

图4-8 生产商和备用供应商期望利润关于 λ 的变化（一般模型）

另一方面，直观上生产商偏爱高可靠度的常规供应商，表现为 $\bar{r}$ 较高。实际上备用供应商有公平偏好时，生产商的期望利润有可能随着 $\bar{r}$ 增加而减小。例如，在均匀分布下 $\lambda=0.1$ 到 $\lambda=0.29$ 的区间，以及正态分布下 $\lambda=0$ 到 $\lambda=0.16$ 的区间，生产商的期望利润在 $\bar{r}=0.75$ 时比 $\bar{r}=0.82$ 时高。与此同时，直观上备用供应商认为常规供应商的可靠度 $\bar{r}$ 越低，自己更有机会供货，从而盈利更多。实际上，关注公平的备用供应商的期望利润有可能随着 $\bar{r}$ 增加而增加。例如，均匀分布下 $\lambda=0.09$ 到 $\lambda=0.14$ 的区间，正态分布下 $\lambda=0.02$ 到 $\lambda=0.13$，备用供应商的期望利润在 $\bar{r}=0.82$ 时比 $\bar{r}=0.75$ 时高。综上，从生产商的角度，当与有公平偏好的备用供应商合作时，并不一定挑选高可靠度的常规供应商。从备用供应商的角度，若常规供应商可靠度较高，也并不总是坏事。公平偏好对于备用供应商而言是双刃剑，如果公平偏好程度在合适的范围内，则会获得更多的期望利润，如果程度过高，则会为争取公平损失利润。

4.5　本　章　小　结

本章讨论一个三人供应链，从生产商的角度分析比较了在面对有横向公平偏好的备用供应商，与面对完全利己的备用供应商时的最优决策。研究结论表明，当备用供应商为完全利己时，生产商总是采用紧急备货策略，不需付预付金；而当备用供应商有公平偏好时，生产商依据供应链系统参数不同，采用的策略亦有所不同。并且，进一步分析考察了公平性程度对供应链影响，以及备用供应商关注公平的利弊。

作为未来的研究方向，书中的三人一组供应链可扩展为多供应商的系统。另外，也可将横向公平引入多期系统，并考虑随机需求的情况。另一个重要的研究方向是考虑公平性后，供应链的协调情况分析。文献中讨论了公平性对两人供应链系统协调的影响（如崔等人[36]），基于本书中的三人供应链，分析横向公平偏好的引入对供应链系统协调的影响是未来值得研究的专题。

第 5 章

考虑公平关切的学习效应行为的
库存与供应链系统

本章研究三人供应链系统，通过区别设计个体自我学习以及社会学习的实验环境，对比考察备用供应商的公平关切程度，以及制造商和备用供应商学习曲线的特点。构建了引入公平关切的强化学习模型，通过参数估计探索在个体自我学习和社会学习实验环境下，备用供应商的横向公平关切程度情况，并分析信息共享对备用供应商的横向公平关切偏好的影响。

5.1 问 题 描 述

考虑单销售季节的决策，制造商（M）从低价但不稳定的常规供应商（S_1）处备货以满足卜游需求 D。S_1 供货不稳定表现为一般供货风险，用随机比例模型刻画。实际供货比例用随机变量 X 描述，$X \in [0, 1]$，分布函数为 $F(X)$，均值为 $\bar{r}$。若订货量为 q_1，则发货量为 Xq_1。另一方面，M 向高价但完全可靠的备用供应商（S_2）预定期权。当 S_1 发货量不能满足市场需要时，M 可从 S_2 处紧急备货，紧急供货订单不超过预定的期权量。M 支付给 S_2 货款包括预付金和紧急供货货款，令 k 表示预付金占总货款的比例，$0 \leqslant k \leqslant 1$。制造商决策从常规供应商的订货量 q_1 以及从备用供应商的预定期权 q_2 和预付金比例 k，以极大化其期望利润。备用供应商 S_2 决策是否接受制造商提出的期权合同。判断标准为若 S_2 的效用大于 0，则接受，否则拒绝合同。

引用陈等人[30]的伯努利模型（随机变量 X 服从伯努利分布，下游需求 D 归一化为 $D = 1$）分析结论，针对备用供应商不同的公平偏好程度，制造商的最优策略可分为仅从常规供应商采购 a_1、仅从备用供应商采购 a_2

以及从常规供应商采购并从备用供应商预定期权 $a_{12}(k)$ 三大类。在此模型中，策略与订货量有直接简单的对应关系。单供应商策略表示 $q_1 = 1$、$q_2 = 0$，$q_1 = 0$、$q_2 = 1$，双供应商策略表示 $q_1 = 1$、$q_2 = 1$。令 $A_1 = \{a_1, a_2, a_{12}(k)\}$ 表示 M 的策略空间。给定 M 的策略下，S_2 的策略空间 $A_2 = \{0, 1\}$，0 表示拒绝，1 表示接受。

根据强化学习模型[43]，决策者在 $t(\geqslant 0)$ 时刻选择策略 h，在 $t+1$ 时刻策略 h 的倾向度 $q_h(t+1)$（Propensity）更新为：

$$q_h(t+1) = (1-\phi)q_h(t) + R_h(t) \qquad (5-1)$$

在 $t+1$ 时刻策略 $j(j \neq h)$ 的倾向度 $q_j(t+1)$ 更新为：

$$q_j(t+1) = (1-\phi)q_j(t), \quad j \neq h \qquad (5-2)$$

其中，ϕ 为遗忘参数，刻画决策者对某一策略的倾向更多地依赖于最近的经验的特征[43]。根据式（5-1）和式（5-2），策略 h 在时刻 t 被选择的倾向为初始倾向（Initial Propensity）$(1-\phi)^{t+1}q_h(0)$ 与累积强化学习效用 $\sum_{n=0}^{t-1}(1-\phi)^n R_h(n)$ 的之和。这符合强化学习的第一个规律，即好的结果会导致相应决策被选的概率更高。同样，也符合强化学习的第二个规律。由于初始倾向数值是一个恒定值，前期的强化效用给整体数值带来的变化更强，因此后阶段的学习曲线会趋于平缓。

强化学习效用通常被定义为策略选择的效用。因此，对于 M，$R_h(t) = EP_M(h)$，这里 $EP_M(h)$ 表示 M 选择策略 h 的期望利润 $h \in A_1$。对于 S_2，

$$R_h(t) = \max\{EP_{S_2}(h) - \lambda \cdot \max\{ER_{S_1}(h) - ER_{S_2}(h), 0\}, 0\}$$

$$(5-3)$$

其中，给定 M 策略为 h，$EP_{S_2}(h)$ 表示 S_2 的期望利润，$ER_{S_1}(h)$ 和 $ER_{S_2}(h)$ 分别表示 S_1 和 S_2 的期望收益。参数 $\lambda(\geqslant 0)$ 表示 S_2 的公平关切行为度，λ 越大，S_2 越关注公平，反之亦然，$\lambda = 0$ 表示 S_2 完全利己，无公平关切行为[46]。由式（5-3）可见，S_2 的效用不仅依赖于自身的期望利润，还依赖于与 S_1 的收益差①，即当 M 策略为 h，S_1 的期望收益高于 S_2 时，S_2 对公平的关注引发劣势不平等厌恶（Disadvantage Inequality Aversion），该厌恶体现为负效用项 $-\lambda \cdot \max\{0, ER_{S_1}(h) - ER_{S_2}(h)\}$。若 S_2 总效用大于 0，则接受合同，$R_h(t) = EP_{S_2}(h) - \lambda \cdot \max\{ER_{S_1}(h) -$

---

① 另外一种常见的衡量公平的标准为利润比较，如崔等人[36]。考虑到利润计算涉及供应商的生产成本信息，而 S_2 较难得到 S_1 的生产成本信息，为了使模型更贴近实践，我们沿用陈等人[30]提出的 S_2 公平关切的参照系为收益而非利润的模型。

$ER_{S_2}(h)$, $0\}$, 否则拒绝合同, $R_h(t)=0$。不失一般性, 若总效用等于 0, S_2 接受合同。

5.2　实　验　假　设

根据文献研究, 我们对供应链系统行为决策作如下假设:

H1: 在三人组供应链系统的行为决策过程中存在学习效应, 并通过被试的决策时间和备用供应商的拒绝率体现。被试需要花费一定时间来考虑和作出决策。通过不断反复积累经验, 对各种不同情况的有效解决方案越发了解, 因此, 所需的决策时间越来越短。另外, 被试会改善他们的决策选择。在下一轮中, 积极的结果(不拒绝)更容易被再次选择。因此, 学习效应会致使拒绝率将随着时间下降。

H2: 在三人组供应链系统中存在横向公平关切。备用供应商是不纯粹的自我利益者。他们不会单单为了获得最大的报酬而接受制造商提供的所有合同。也就是说, 他们会比较自己的收益和常规供应商的收益, 判断合同的公平性, 对于不公平的合同, 即便是有利可图, 也会拒绝。

H3: 信息共享会对被试的拒绝率和决策时间有正向影响。信息不共享的情况下, 被试只能通过自己的决策信息不断个人学习。信息共享在确保个人学习的前提下, 还会促进被试们的社会学习。社会学习比孤立个人学习更加有效。因此, 将对拒绝率和决策时间有正向影响。

5.3　实　验　设　计

通过设计实验, 考察学习效应和备用供应商的横向公平偏好对制造商和备用供应商的决策影响, 以求证前节所述的假设。实验设计的背景依据陈等人[118]的伯努利模型的理论结果。我们提供给制造商 8 个备选策略(合同), 其中合同 1 ~ 合同 6 为双供应商策略 a_{12}, 合同 7 和合同 8 分别为单供应商策略 a_1 和供应商策略 a_2。这里, 我们设定制造商单位产品售价 $p=50$, 单位缺货成本 $\pi=10$, 常规供应商的单位生产成本 $c_1=20$, 单位批发价格 $\omega_1=40$, 单位缺货成本 $s=0$, 可靠度 $\bar{r}=0.75$, 备用供应商的单位生产成本 $c_2=40$, 单位批发价格 $\omega_2=45$。针对每类合同, 计算机制造商的期望利润EP_M，常规供应商和备用供应商的期望收益和期望利润，ER_{S_1}，ER_{S_2}，EP_{S_1}和EP_{S_2}，如表5－1所示。

表5－1　　　　　　　　　　　　　预期支付表

合同序号	1($k=0$)	2($k=0.05$)	3($k=0.1$)	4($k=0.25$)	5($k=0.3$)	6($k=0.35$)	7(a_1)	8(a_2)
S_2接受：EP_M	8.75	7.0625	5.375	0.3125	－1.375	－3.0625	—	5
S_2拒绝：EP_M	5	5	5	5	5	5	5	—
ER_{S_1}	30	30	30	30	30	30	30	0
ER_{S_2}	11.25	12.9375	14.625	19.6875	21.375	23.0625	0	45
EP_{S_1}	10	10	10	10	10	10	10	0
EP_{S_2}	1.25	2.9375	4.625	9.6875	11.375	13.0625	0	5

在双供应商策略下（合同1～合同6），随着预付金比例的提高，S_2的期望利润EP_{S_2}和期望收益ER_{S_2}显著增长，与S_1的收益差由－18.75逐渐变为－6.9375。从而，S_2对公平的关注所引发劣势不平等厌恶负效用呈下降趋势。由此，S_2的公平偏好程度可从其接受（或拒绝）的合同进行体现，如S_2是纯粹的自我利益者，则会因有正利润值EP_{S_2}接受包括$k=0$在内的所有双供应商合同，而公平关切的S_2，则会对预付金比例有一定的要求，并拒绝其认为不公平的合同（负效用）。M在了解了S_2的公平关切行为后，可通过调整合同的选择，甚至采用仅从备用供应商采购（a_2）策略以获取S_2的合作。

实验分两组进行：信息不共享组和信息共享组。在信息不共享组，被试仅能获取外部参数信息（如市场需求、常规供应商的可靠性等）以及个体决策的历史信息。在信息共享组，被试不仅能获取外部参数信息以及个体决策的历史信息，还能获取实验中其他被试决策的历史信息，即在第T期实验时，我们绘制第1期到第$T-1$期所有制造商提供的各类合同累积频次以及对应的备用供应商拒绝率的柱状图表，展示于被试决策界面的显著位置。在信息不共享组，被试仅能通过自身的决策历史进行个体学习，而在信息共享组，被试可通过阅读柱状图从他人处获取经验，进行社会学习。

实验通过计算机进行，常规供应商由计算机扮演，制造商与备用供应商由人扮演。在制造商的界面上，显示决策有关的外部信息及8个合同按键。被试可通过点击不同合同按键，在弹出框中查阅对应的计算结果，通过比较各个策略的结果，再做出最终的选择。备用供应商接受合同以及拒绝合同的结果会分别提供。值得注意的是，如果制造商采用仅从常规供应商进货策略，备用供应商则不参与交易，如果制造商采用仅从备用供应商进货策略，则常规供应商不参与交易，对备用供应商来说，这是最好的合同形式，在完全理解实验的基础上，不会拒绝该合同。制造商选定并提交策略时，在弹出框中确认后，提交策略成功。

扮演备用供应商的被试可在计算机屏幕上看到制造商提供的合同信息，备用供应商接受合同所能获得的期望收益和期望利润以及常规供应商在此合同下的期望收益（需要注意的是，常规供应商的期望收益不受备用供应商的决策影响）。如果制造商采用双供应商策略，备用供应商基于所获的期望收益、期望利润以及常规供应商的期望收益信息选择接受合同或者拒绝合同。如果制造商提交仅从常规供应商进货，备用供应商不需要作决策，直接进入下一轮实验。如果制造商仅从备用供应商进货，常规供应商的期望收益为 0，备用供应商总是会接受合同。备用供应商决定接受或拒绝合同后则点击提交按钮，确认提交。

根据常规供应商的伯努利分布供货率 $\bar{r}$，计算机产生随机数 0 或者 1 表示常规供应商的实际发货量。计算机结算并记录供应链三方的利润等数据，进入下一期实验。

实验共招募了 58 名被试（均为清华大学本科生、研究生，学习经济管理、工程类专业），其中，参与信息不共享组 28 人，参与信息共享组 30 人。在两组实验开始前，随机决定被试扮演的角色（M 或 S_2，S_1 由计算机扮演）并且一旦确认不再更改。每组实验持续 60 期，每期实验开始前，计算机对扮演 M 和 S_2 的被试进行随机匿名配对，被试彼此对博弈对手身份不知情。每组实验第一期不限制决策时间，之后各期 M 的决策时间为 60 秒，S_2 的决策时间为 40 秒。被试每期博弈的实际利润以一定比率换算成收入，对后 50 期收入进行累加（前 10 期为预实验，确保被试熟悉系统并理解实验设置，不计入总收入），并在实验结束后现金发放给被试，平均每位被试收入约为 50 元人民币。

5.4　实验结果及分析

根据我们的假设，学习效应的存在体现在两个方面。一方面，随着时

间的推移拒绝率有逐渐降低的趋势；另一方面，被试的决策时间逐渐缩短，也即决策速度逐渐提高。在分析拒绝率和决策时间之前，首先直观地刻画制造商所提合同分布和对应的备用供应商策略随时间的变化趋势。定义制造商各期合同分布与总样本的偏差为 $y_t^M = \sum_{h=1}^{8} | N_{t,h}^M - \overline{N}_h^M | / n_M$，$h \in A_1$，其中 $N_{t,h}^M$ 表示第 t 期选择策略 h 的制造商数，$\overline{N}_h^M$ 表示总 60 期选择策略 h 的平均制造商数，n_M 为参与实验的制造商数。制造商所提合同分布随时间的变化趋势如图 5-1 所示。

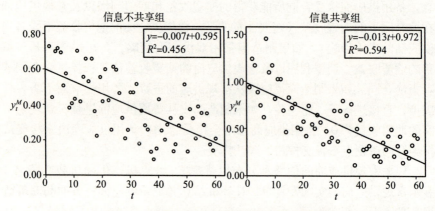

图 5-1　制造商各期合同分布与总样本的偏差

总体上，制造商各期合同分布与总样本的偏差随时间呈下降趋势。即随着实验的进行，制造商不断学习并积累了经验，其决策逐渐集中，决策选择能力逐渐提高。

进一步考察备用供应商策略分布随时间的变化趋势，如图 5-2 所示。两组实验结果均显示，随着经验的累积，备用供应商拒绝合同的比率呈下降趋势。引起拒绝率下降的主要原因在于备用供应商对公平的关注程度逐渐被制造商掌握，进而通过优化合同策略，获取了更多备用供应商的合作。

制造商策略的集中以及备用供应商拒绝率的逐渐下降正体现了强化学习模型的基本思想，即由于过去某个决策带来的良好结果，在未来的决策中人们会更倾向于这个决策（law of effect）。另一方面，学习曲线强调实践的幂定律（power law of practice），即学习曲线往往初期陡峭，然后趋于平坦[124]。我们采用幂函数对拒绝率进行拟合分析，由于前 10 期收入不

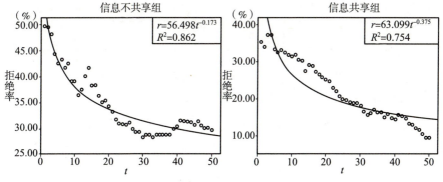

图 5 – 2　备用供应商的拒绝率变化趋势

记入总收入，在两组实验下，仅取后 50 期正式实验的数据进行分析。拟合结果显示，信息不共享组 $r = 56.498t^{-0.173}$，信息共享组 $r = 63.10t^{-0.375}$，拟合度 R^2 分别为 0.862 和 0.754。高拟合度表明负指数幂函数能较好地拟合两组实验下备用供应商拒绝率的变化趋势。并且，在信息共享组，备用供应商拒绝率随时间下降的速度更快（ $-0.375 < -0.173$ ），这表明社会学习效应能促使被试快速积累经验，使决策更快地达到平衡。综上，两组实验下，备用供应商的拒绝率数据符合实践的幂定律，拒绝率随时间减少的现象验证了学习效应的存在性，并且实验数据支持信息共享对被试的拒绝率有正向影响的假设。

　　另一个判断学习效应的标准是每期实验被试的决策时间变化。由于第一期实验设计为无时间限制，剔除第一期的实验数据，绘制制造商和备用供应商的决策时间随时间的变化趋势图，如图 5 – 3 和图 5 – 4 所示。

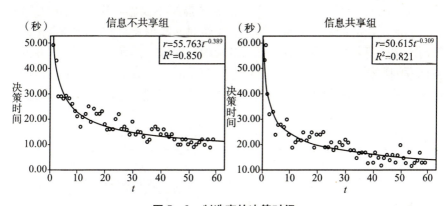

图 5 – 3　制造商的决策时间

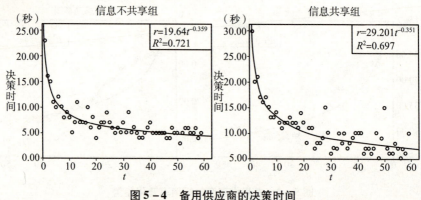

图5-4　备用供应商的决策时间

在两组实验下，制造商和备用供应商每期的决策时间随时间的推移逐渐降低，并且曲线初始时期陡峭，接着变得相对平坦，这符合学习效应实践的幂定律特征。在信息共享组下，对于给定的 t，制造商和备用供应商的决策时间均比对应的信息不共享组下的决策时间更长。由于在信息不共享组，决策界面更为复杂（提供了共享信息图表），被试需要更多的时间获取并利用这些信息。因此，不考虑决策时长的绝对值比较，转而分析两组实验的决策时长的变化率。

通过幂函数模型对决策时间进行拟合，结果如表5-2所示。两组实验数据均得到了较高的拟合度 R^2，据此推断负指数幂函数能较好地拟合决策时间的分布。随着时间的推移，被试的决策时间均呈逐渐降低的趋势，指数越小表示决策时间的下降速度越快。比较表5-2中的幂函数的指数值，信息共享组下，制造商和备用供应商的指数值均大于对应的信息共享组。因此，信息共享组下额外信息的提供不仅影响决策时间的长短，更会影响决策时间的下降率。综上，决策时间数据符合实践的幂定律，决策时间逐渐降低的现象验证了学习效应的存在性。然而，信息共享并没有如同预期那样加速学习效应的变化率，而是对学习效应的变化率有负向影响。因此，实验结果拒绝信息共享对被试的决策时间有正向影响的假设。

表5-2　　　　　　　　　　　决策时间的幂函数

组别	制造商	备用供应商
信息不共享组	$T = 55.763t^{-0.389}$，$R^2 = 0.850$	$T = 19.640t^{-0.359}$，$R^2 = 0.721$
信息共享组	$T = 50.615t^{-0.309}$，$R^2 = 0.821$	$T = 29.201t^{-0.351}$，$R^2 = 0.697$

接下来，针对系统中是否存在横向公平关切行为进行分析。如果备用供应商是纯粹的自我利益者，则会接受包括无预付金（$k=0$）双供应商策略在内的所有合同（合同7除外），以获取正的利润。然而，如图5-5所示，相当比例的备用供应商拒绝了较为不利的合同1，并且对于较为有利的合同（如2、3、4、5、6、8），拒绝的频次显著减少。在信息不共享组，不公平合同1被选择了92频次，拒绝率高达64.1%，大量的数据（501频次）分布在其余较为有利的合同2、3、4、5、6、8中。在信息共享组，不公平合同1被选择了266频次，拒绝率为33.5%，该组总体拒绝率达到了13.2%，且共有400频次分布在较为有利的合同2、3、4、5、6、8中。这些现象均显示备用供应商并不是纯粹的自我利益者，而是会通过拒绝有利可图的不公平合同惩罚提出合同的制造商。另一方面，从合同的分布来看，相当数量的制造商对于备用供应商的公平关切予以了重视，向其提供了较为有利的合同以获取备用供应商的支持。

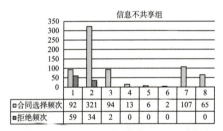 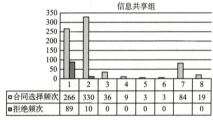

图5-5　合同选择频次及拒绝频次分布

基于前节构造的强化学习模型，我们通过极大似然估计方法评估备用供应商的公平因子 λ 及遗忘参数 ϕ。将实验数据以 $(C_j,\ I_j)$ 成对表示，C_j 表示制造商提供的合同类别，$j=1,2,\cdots,8$，I_j 表示备用供应商的反馈，$I_j=1$ 表示接受合同，0 表示拒绝合同。由式（5-1）、式（5-2）、式（5-3）可知，制造商和备用供应商在时刻 t 选择策略 C_j，I_j 的概率为该策略的倾向度与所有备择策略倾向度之和的比值，即：

$$\beta_{t,j}^M(\phi,\ q_j^M(0)\mid C_j=C_h)=\frac{q_h^M(t)}{\sum_{j=1}^{8}q_h^M(t)}$$

$$\beta_{t,j}^S(\lambda,\ \phi,\ q_j^S(0)\mid I_j=I_h)=\frac{q_h^S(t)}{\sum_{j=1}^{2}q_h^S(t)}$$

其中，$q_j^M(0)$ 和 $q_j^S(0)$ 分别表示制造商和备用供应商的初始倾向。

基于每组实验获取的 50 对正式实验数据，似然函数可表示为：

$$L(\lambda,\ \phi,\ q^M(0),\ q^S(0)) = \prod_{t=1}^{50} \beta_{t,j}^M \beta_{t,j}^S \qquad (5-4)$$

采用 Matlab 常规极大似然估计工具包，分别在嵌套模型与完整模型下极大化式（5-4）中 $LL = \ln(L)$。这里，在嵌套模型下，假设备用供应商纯粹的自我利益者。估计结果如表 5-3 所示。

表 5-3   参数估计

	信息不共享组				信息共享组			
	λ	ϕ	$\sum_{j=1}^{8} q_j^M(0) + \sum_{j=1}^{2} q_j^S(0)$	LL	λ	ϕ	$\sum_{j=1}^{8} q_j^M(0) + \sum_{j=1}^{2} q_j^S(0)$	LL
嵌套模型	—	0	1854.50	−1884.2	—	0.005	3293.23	−1486.3
完整模型	0.2623	0	1894.25	−1572.6	0.301	0.01	3302.12	−1396.2
似然比检验 LRT	$\chi^2 = 311.6,\ p < 0.0001$				$\chi^2 = 90.1,\ p < 0.0001$			

在两组实验下，备用供应商公平关切参数估计值分别为 $\lambda = 0.2623$（$p < 0.01$），$\lambda = 0.301$（$p < 0.01$），嵌套模型与完整模型的似然比检验分别为 $\chi^2 = 311.6$（$p < 0.0001$），$\chi^2 = 90.1$（$p < 0.0001$）。因此，两组实验下完整模型均能更好地描述实验数据，备用供应商具有显著的公平关切偏好。除此之外，在信息不共享组完整模型下，遗忘参数估计值 $\phi = 0$，表明过往的经验对被试决策有同等重要性，遗忘效应并不显著。在信息共享组，遗忘参数估计值 $\phi = 0.01$（$p < 0.05$），表明被试决策更多地依赖于最近的经验，有显著的遗忘效应。遗忘效应的差异性与被试的经验学习环境密切相关。在个体自我学习环境中，被试仅通过查看历史数据进行决策，因此过往的经验对其同等重要，而在社会学习环境中，被试更多地依赖于每期更新的供应商合同选择及备用供应商决策统计图表进行决策，忽视了个体的历史数据，从而表现出显著的遗忘效应。

综上，我们不能拒绝假设 H1。在本章研究的三人组供应链系统的行为决策过程中，存在学习效应，制造商策略的逐渐集中以及备用供应商拒绝率的逐渐下降正体现了强化学习模型的基本思想，即由于过去某个决策带来的良好结果，在未来的决策中人们会更倾向于这个决策。并且，被试的决策时间和备用供应商的拒绝率符合学习曲线的实践幂定律特征。我们不能拒绝假设 H2。备用供应商体现出强烈的公平关切行为，并通过拒绝不公平合同以惩罚制造商。对于 H3，我们不能拒绝信息共享对被试的拒绝率有正向影响的假设，但是对决策时间，却表现出负向影响的特点。

5.5　本章小结

本章通过实验研究公平关切行为与学习效应对决策者行为的影响。针对一类三人组供应链博弈结构，采用强化学习模型刻画决策者的行为特征。通过区别设计个体自我学习以及社会学习的实验环境，对比考察了备用供应商的公平关切程度，以及制造商和备用供应商学习曲线的特点。陈等人[30]从系统最优决策的角度分析了横向公平关切行为的影响。本章在此基础上，从学习效应的角度分析系统决策的变化，以及不同学习环境下横向公平关切行为的特点。

本章的实验研究结果支持了学习效应存在的假设。一方面，被试的决策时间和备用供应商的整体拒绝率符合学习效应中"实践的幂定律"的特征，另一方面，制造商的策略逐渐集中也体现了个体在过去某个决策带来的良好结果，在未来的决策中会更倾向于这个决策的学习特性。通过构建引入公平关切的强化学习模型对公平因子、遗忘效应参数进行估计，结果表明备用供应商的横向公平关切程度在两组实验环境下均较为明显，而遗忘效应仅在社会学习实验环境的实验环境下表现显著。

本章还有很多方面可以进一步扩展研究。首先，本章假设同质制造商和备用供应商，作为拓展，后续研究可进一步分析决策者的异质性；其次，本章假设常规供应商为计算机扮演，若对比分析常规供应商为人扮演的场景，可能会得到有趣的结论；最后，针对不同可靠度的常规供应商环境下分析备用供应商和制造商的学习行为也是未来研究的重要方向。

第 6 章

备用供应商有能力约束的
周期盘点库存系统

在经典的周期盘点库存系统中（无供货风险，单供应商），陈绍祥和兰布雷希特[130]于1996年率先分析固定订货成本以及能力约束的情况下的最优订货策略，并指出策略结构为 $X - Y$ 能带结构，而非直观的修正 (s, S) 的形式。加列格（Gallego）和舍勒沃夫（Scheller – Wolf）[52]在此基础上进一步细化了 $X - Y$ 能带的结构性质。陈绍祥[111]于2004年发文进一步分析 $X - Y$ 能带结构在无限期状态下的表现。

基于已有的研究结论，我们分析双供应商周期盘点库存系统，考虑固定订货成本、常规供应商无能力约束，但备用供应商有能力约束的系统订货策略问题。本章内容组织如下：首先描述模型和系统参数；进而构造并分析有限期模型，得到最优订货策略结构性质；构造并分析无限期模型，得到无限期模型的最优订货策略结构性质；然后运用数值实验讨论系统成本和最优决策对系统参数的敏感度；最后总结本章内容。

6.1 模 型 描 述

库存系统运行 N 期，采用逆序标号，即 N, …, 1。顾客需求每期独立，用随机变量 D 表示，D 服从已知分布，密度函数为 $\varphi(\cdot)$。定义 $\bar{d}(>0)$ 为需求的上界，从而 $D \leqslant \bar{d}$，$P(D > \bar{d}) = 0$。系统订货提前期假设为 0（提前期不为 0 的情况在扩展模型中详细分析）。每期期初时刻，系统发出订单，订单瞬时到货。当期期末，系统库存量满足当期顾客的需求，若发生缺货，所缺货物下期回补。

正常情况下，系统从常规供应商处订货。常规供应商随时可能发生供货中断。假设其供货中断发生概率无记忆性，即与常规供应商正常供货的持续时间无关。当发生供货中断后，常规供应商经过一定的时间修复后可继续供货。假设修复的时间最多为 T 期。令 $i \in I = \{0, 1, \cdots, T\}$ 表示常规供应商的供货状态，其中，$i = 0$ 代表正常供货；$i = 1, \cdots, T$ 代表处于修复期，$1, \cdots, T$ 表示修复已经持续的期数。各个状态之间的转移概率矩阵用 P 表示。如果常规供应商当期可供货，那么下期或可供货，或发生了中断而变为不可供货状态。如果常规供应商当期不可供货，下一期或修复完毕变为可供货，或继续修复保持不可供货的状态。因此转移概率矩阵 P 中的元素为 $p_{k,m} = P\{i = m(\text{第 } n+1 \text{ 期}) \mid i = k(\text{第 } n \text{ 期})\}$，$k, m \in I$，其中 $m = k+1$ 或 $m = 0$，对于 $i \in I \setminus \{T\}$，有 $p_{i,i+1} + p_{i,0} = 1$，$p_{T,0} = 1$。

由于备用供应商仅用于紧急供货（仅仅当常规供应商发生供货中断时供货），我们假设备用供应商为库存系统提供的产能 C_b 有限，即 $C_b < \infty$。如果库存系统从备用供应商处订货，那么订货量 q 被限制在 $0 \leq q \leq C_b$。为了叙述简便，令 $C_r(= \infty)$ 表示常规供应商的供货能力（无限制）。

库存系统发生的成本包括订货成本、持货成本和缺货成本。订货量为 q 时，发生订货成本为 $K_s \cdot \delta(q) + c_s \cdot q$，其中 $s \in \{r, b\}$，r 表示从常规供应商处订货，b 代表从备用供应商处订货；$\delta(q)$ 函数为指示函数，当 $q > 0$ 时，有 $\delta(q) = 1$，否则 $\delta(q) = 0$。订货成本包括固定成本和线性订货成本，备用供应商固定订货成本 K_b 和单价 c_b 高于常规供应商固定订货成本 K_r 和单价 c_r。每期期末，满足需求后的余下库存发生持货成本，单件持货成本表示为 $h/$期。如果有未满足的需求，则发生缺货成本，单件缺货成本表示为 $\pi/$期。当订单量达到备用供应商的能力 C_b 时，每件货物最少需要花费 $c_b + K_b/C_b$，因此，为了使问题有现实意义，最小花费应小于单件缺货成本，即 $c_b + K_b/C_b \leq \pi$。系统状态用 $S = \{(x, i) \mid x \in \mathbb{R}, i \in I\}$ 定义，其中 x 表示库存水平，取实数。

每期期初，库存决策者观测系统的状态 $S = \{(x, i) \mid x \in \mathbb{R}, i \in I\}$，然后基于所观测到的状态决策订货量 q 并发出订单。由于提前期为 0，订货后库存水平变为 $y = x + q$。系统在满足当期需求 D 之后，库存水平变为 $y - D$，为下一期的库存水平初始值。

令 y 为订货后的库存水平，$L(y)$ 定义一期持货或缺货期望成本函数，函数可以写成如下形式：

$$L(y) = \begin{cases} h\int_0^y (y-\xi)\varphi(\xi)\,\mathrm{d}\xi + \pi\int_y^\infty (\xi-y)\varphi(\xi)\,\mathrm{d}\xi, & y \geq 0 \\ \pi\int_0^\infty (\xi-y)\varphi(\xi)\,\mathrm{d}\xi, & y < 0 \end{cases}$$

令 $f_n(x,\ i)$ 表示系统运行 n 期之后的最小期望折扣总成本，其中库存量 x 和常规供应商供货状态 i 为系统观测到的状态，β 为一期折扣因子，$0 < \beta \leq 1$。我们可以写出 $f_n(x,\ i)$ 的表达式如下：

$$f_n(x,\ i) = \min_{y \in [x,\, x+C_s]}$$

$$\left\{ K_s\delta(y-x) + c_s(y-x) + L(y) + \beta\int_{\xi=0}^\infty \sum_{j\in I} p_{i,j}f_{n-1}(y-\xi,\ j)\varphi(\xi)\,\mathrm{d}\xi \right\}$$

$$(6-1)$$

其中当 $i=0$ 时，$s=r$；当 $i\in I\backslash\{0\}$ 时，$s=b$。（当 $i\in I\backslash\{T\}$ 时，$\sum\limits_{j\in I}$ 只包含 $j=i+1$ 和 $j=0$ 两种情况，并且当 $i=T$ 只包含 $j=0$ 一种情况）。初始系统成本 $f_0(x,\ i)=0$。

可以看到，决策量 y 不影响式（6-1）中的 $-c_sx$ 项，我们定义：

$$g_n(y,\ i) = L(y) + c_s y + \beta\int_{\xi=0}^\infty \sum_{j\in I} p_{i,j}f_{n-1}(y-\xi,\ j)\varphi(\xi)\,\mathrm{d}\xi$$

$$(6-2)$$

从而，函数 $f_n(x,\ i)$ 可写为：

$$\begin{aligned} f_n(x,\ i) &= \min_{y\in[x,\,x+C_s]} \left\{ K_s\delta(y-x) + g_n(y,\ i) \right\} - c_s x \\ &= \min\left\{ g_n(x,\ i) - c_s x,\ K_s + \min_{y\in(x,\,x+C_s]} g_n(y,\ i) - c_s x \right\} \end{aligned}$$

$$(6-3)$$

到此，我们已构建了有限期系统折扣总成本模型，紧接着讨论函数式（6-2）和式（6-3）的性质以及最优解 $y_n^*(x,\ i)$ 的结构特征。

6.2　最优订货策略结构性

通过模型分析，最优订货策略表现为状态依从的 $[X(i),\ Y(i)]$ 能带结构，其中 $X(i) \leq Y(i)$，$i(\in I)$ 代表常规供应商的状态，如图6-1所示。当 $i=0$，即从常规供应商处补货，如果期初库存水平小于 $X(0)$，则最优订货量需使得库存水平达到 $S(0)$；如果期初库存水平在 $Y(0)$ 以上，最优策略则为不订货。对于 $i\in I\backslash\{0\}$，即从备用供应商处补货，如果初始

库存水平在 $X(i)$ 以下，最优订货量为订满备用供应商的能力；如果初始库存在 $Y(i)$ 以上，最优策略则为不订货。不论从常规供应商还是备用供应商补货，即 $i \in I$，如果初始库存量在 $X(i)$ 和 $Y(i)$ 之间，最优订货策略较为复杂，且与系统参数的设定有关，这部分的订货情况将在后面数值试验中进行说明。

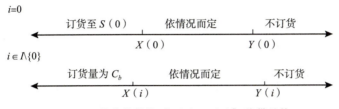

图6-1 状态依从的 $[X(i)，Y(i)]$ 能带结构

令：

$$\hat{x}(i) = \min\{x \mid g_1(x，i) = \min_{y' \in \mathbb{R}} g_1(y'，i)，i \in I\}$$

$$\hat{x} = \min_{i \in I} \hat{x}(i);$$

$$S_n(0) = \min\{x \mid g_n(x，0) = \min_{y' \in \mathbb{R}} g_n(y'，0)\}$$

对于任意 $i \in I$，对 $g_1(x，i)$ 关于 x 求二阶导数，得 $(h+p)\varphi(x) \geqslant 0$。因此，对于任意 $i \in I$，有 $g_1(x，i)$ 关于 x 凸的性质，从而可以得到 $g_1(x，i)$ 为关于 x（$\leqslant \hat{x}$）的单调减函数。

定义 $\tilde{x}(i) \leqslant \hat{x}$，$i \in I\backslash\{0\}$，和 $\tilde{x}(0) \leqslant \hat{x}$，是满足式（6-4）和式（6-5）的最大点，

$$g_1(\tilde{x}(i) - C_b，i) \geqslant K_b + g_1(\tilde{x}(i)，i) \tag{6-4}$$

及

$$g_1(\tilde{x}(0)，0) \geqslant K_r + g_1(\hat{x}，0) \geqslant K_r + g_1(\hat{x}(0)，0) \tag{6-5}$$

如图6-2中（a），在第一期，如果 $i \in I\backslash\{0\}$（从备用供应商处订货），最优决策为订满能力的最高初始库存水平为 $\tilde{x}(i) - C_b$，如果超过 $\tilde{x}(i) - C_b$，则不订货。对于 $i \in I\backslash\{0\}$，有 $g_1(x，i)$ 关于 x 凸。对 $g_1(x，i)$ 关于 x 求微分并取极限，可得 $\lim_{x \to -\infty} g_1'(x，i) = c_b - \pi$。因此，$g_1(\tilde{x}(i) - C_b，i) - g_1(\tilde{x}(i)，i)$ 收敛到极值 $C_b(\pi - c_b)$。在 $C_b(\pi - c_b) \leqslant K_b$ 的条件下，$\tilde{x}(i)$ 能够取到有限值，否则趋向于负无穷。条件 $c_b + K_b/C_b \leqslant \pi$ 与前一节所声明的假设条件 $c_b + K_b/C_b \leqslant \pi$ 等价。

如图 6-2 中（b），在第一期，如果 $i=0$（从常规供应商处订货），最优决策为定到 $\hat{x}$ 的最高初始库存水平为 $\tilde{x}(0)$，如果超过 $\tilde{x}(0)$，则不订货。易知 $g_1(x,0)$ 为关于 x 的凸函数，且 K_r 是一个有限的常数，因此可得点 $\tilde{x}(0)$ 存在。

为了叙述简单，以下分析中用"减"来表述"非增"，用"增"来表述"非减"。接下来我们分析函数 f 和 g 的性质。

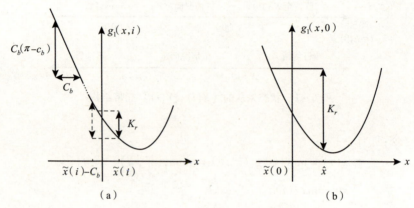

图 6-2 $\tilde{x}(i)$、$\tilde{x}(0)$ 定义示意图

引理 6.1： 对于 $z_n(i) \in \mathbb{R}$，$i \in I$，如果 $g_n(x,i)$ 关于 $x(\leqslant z_n(i))$ 递减，那么 $f_n(x,i)$ 关于 $x(\leqslant z_n(i))$ 递减。

证明： 为了叙述简单，令 $g_n^*(x,i) = \min_{y \in (x, x+C_s)} g_n(x,i)$，从而：

$$f_n(x,i) = \min\{g_n(x,i) - c_s x,\ g_n^*(x,i) - c_s x + K_s\}$$

对于状态 $i=0$，如果 $g_n(x,0)$ 关于 $x(\leqslant z_n(0))$ 递减，则 $g_n^*(x,i) = g_n(S_n(0),0)$，并且 $f_n(x,0) = \min\{g_n(x,0) - c_r x,\ g_n(S_n(0),0) - c_r x + K_r\}$。由于 $g_n(x,0) - c_r x$ 和 $g_n(S_n(0),0) - c_r x + K_r$ 均关于 $x(\leqslant z_n(0))$ 递减，从而 $f_n(x,0)$ 关于 $x(\leqslant z_n(0))$ 递减。

对于状态 $i \in I \setminus \{0\}$，分区间考虑：$x < z_n(i) - C_b$ 和 $x \in [z_n(i) - C_b,\ z_n(i)]$。

当 $x < z_n(i) - C_b$ 时，如果 $g_n(x,0)$ 关于 $x(\leqslant z_n(0))$ 递减，则 $g_n^*(x,i) = g_n(x+C_b,i)$，并且，$g_n^*(x,i)$ 关于 $x(\leqslant z_n(i) - C_b)$ 递减，$g_n(x,i) - c_b x$ 和 $g_n(x+C_b,i) - c_b x + K_b$ 关于 $x(\leqslant z_n(i) - C_b)$ 递减。因此，有 $f_n(x,i)$ 关于 $x(\leqslant z_n(i) - C_b)$ 递减。

当 $x \in [z_n(i) - C_b, z_n(i)]$ 时，$g_n^*(x, i)$ 可表达为 $g_n^*(x, i) = \min_{y \in (x, x+C_s]} g_n(x, i) = \min\{g_n(z_n(i), i), \min_{y \in (z_n(i), x+C_b]} g_n(y, i)\}$。可见 $g_n^*(x, i)$ 关于 $x (\in [z_n(i) - C_b, z_n(i)])$ 递减。如果 $g_n(x, i)$ 关于 $x (\leqslant z_n(i))$ 递减，则 $g_n(x, i) - c_b x$ 和 $g_n^*(x, i) - c_b x + K_b$ 均关于 $x (\in [z_n(i) - C_b, z_n(i)])$ 递减。从而 $f_n(x, i)$ 关于 $x (\in [z_n(i) - C_b, z_n(i)])$ 递减。

综上，如果 $g_n(x, i)$ 关于 $x (\leqslant z_n(i))$ 递减，则 $f_n(x, i)$ 关于 $x (\leqslant z_n(i))$ 递减，其中 $z_n(i) \in \mathbb{R}$，$i \in I$。

引理 6.2： 对于 $i \in I$，$f_n(x, i)$ 和 $g_n(x, i)$ 关于 $x (\leqslant \hat{x})$ 递减，其中 $n = 1, 2, \cdots, N$。

证明： 采用归纳法证明。当 $n = 1$，由 $\hat{x}$ 的定义可知，$g_1(x, i)$ 关于 $x (\leqslant \hat{x})$ 递减。使用引理 6.1，我们可以得到 $f_1(x, i)$ 也关于 $x (\leqslant \hat{x})$ 递减。

假设在第 n 期，结论成立，即 $f_n(y - \xi, i)$ 关于 $y - \xi \leqslant y \leqslant \hat{x}$ 递减。再证结论在第 $n+1$ 期也成立。根据 $g_{n+1}(y, i)$ 的定义 [式 (6-2)]，$g_{n+1}(y, i) = g_1(y, i) + \beta \int_{\xi=0}^{\infty} \sum_{j \in I} p_{i,j} f_n(y - \xi, j) \varphi(\xi) \mathrm{d}\xi$。由表达式易知 $g_{n+1}(y, i)$ 为关于 $y \leqslant \hat{x}$ 的递减函数。根据引理 6.1，有 $f_{n+1}(x, i)$ 关于 $x (\leqslant \hat{x})$ 递减。到此，归纳过程已完成，引理 6.2 得证。

为了进一步刻画函数 $g_n(x, i)$ 和 $f_n(x, i)$ 的性质，$1 \leqslant n \leqslant N$，我们需要引入强 CK - 凸函数（CK - 凸函数）的定义（加列格和舍勒沃夫[52]）。强 CK - 凸函数是基于 CK - 凸函数的定义引出的概念。对于给定的常数 C 和 K，若函数 $F(x)$ 为强 CK - 凸函数，需满足下面的条件，

$$K + F(x + a) \geqslant F(x) + (a/b)(F(y) - F(y - b)) \qquad (6-6)$$

其中 $y \leqslant x$，$0 < b < \infty$ 并且 $a \in [0, C]$。

关于强 CK - 凸函数的基本性质（加列格和舍勒沃夫[52]）如命题 6.1 所示。

命题 6.1：

1. 如果 G 是凸函数，那么对于任意非负的 C 和 K，G 是强 CK - 凸函数；

2. 如果 G 是强 CK - 凸函数，那么对于任意 $0 \leqslant D \leqslant C$ 和 $K \leqslant L$，G 是强 DL - 凸函数；

3. 如果 G_1 是强 CK - 凸函数，并且 G_2 是强 CL - 凸函数，那么对于 α，$\beta \geqslant 0$，$\alpha G_1 + \beta G_2$ 是强 $C(\alpha K + \beta L)$ - 凸函数；

4. 如果 G 是强 CK - 凸函数，并且 V 是个随机变量，那么 $E[|G(y -$

$V)\,|\,] < \infty$，$E[\,|\,G(y-V)\,|\,]$ 是强 CK - 凸函数；

5. 令 $y=x$、$C=\infty$，则强 CK - 凸函数定义式（6 - 6）可直接转化为斯卡夫（Scarf）所提出的 K - 凸函数定义式。

加列格和舍勒沃夫[52]指出当条件 $K'\geqslant K$ 成立时，函数若是强 CK - 凸函数则也是强 CK' - 凸函数，但是当条件 $K'\geqslant K$ 不成立时，即 $K'\leqslant K$ 时，函数若是强 CK - 凸函数则不一定是强 CK' - 凸函数。因此，在多期库存系统中，为了使得归纳证明过程有效，固定订货成本需随时间非增。在本章的模型中，式（6 - 3）具有强 CK - 凸性质的前提需固定订货成本 K_s 随时间保持非增序。在第 n 期，如果 $i=0$，固定订货成本为从常规供应商处补货的成本 K_r。对于紧接的下一期，i 可以以 $p_{0,0}$ 的概率保持 $i=0$，或以 $p_{0,1}$ 的概率变为 $i=1$。因此，紧接下一期的折扣期望固定订货成本为 $\beta p_{0,0} K_r + \beta p_{0,1} K_b$，从而要求 $\beta p_{0,0} K_r + \beta p_{0,1} K_b$ 不比 K_r 大，即 $\beta p_{0,0} K_r + \beta p_{0,1} K_b \leqslant K_r$。令 $\alpha = (1 - \beta p_{0,0})/\beta p_{0,1}$，则此不等式可转化为 $K_b \leqslant \alpha K_r$。由于 $p_{0,0} = 1 - p_{0,1}$ 并且 $0 < \beta \leqslant 1$，有 $\alpha \geqslant 1$。同样地，在第 n 期，如果 $i \in I \backslash \{0, T\}$，固定订货成本为从备用供应商处补货的成本 K_b。那么，紧接下一期的折扣期望固定订货成本为 $\beta p_{i,0} K_r + \beta p_{i,i+1} K_b$。实际上，由于 $K_r \leqslant K_b$，$\beta p_{i,0} K_r + \beta p_{i,i+1} K_b$ 总是不比 K_b 大。此外，对于 $i=T$，由于 $p_{T,0}=1$，故有 $\beta p_{T,0} K_r \leqslant K_r$。故提出以下假设条件，该假设将在引理 6.3 和定理 6.4 的证明中使用。

假设 6.1：假设 $K_r \leqslant K_b \leqslant \alpha K_r$，其中 $\alpha = (1 - \beta p_{0,0})/\beta p_{0,1}$。

上述假设条件并不苛刻：如果取 $\beta = 0.96$，供货中断概率 $p_{0,1} = 1\%$，则 α 取值为 5.17，覆盖 K_b 比 K_r 大到 417% 的情况。如果供货中断概率提高到 10%，那么 $\alpha = 1.42$。即便是第二种高风险（10%）的条件，K_b 仍然能比 K_r 大到 42%，因此，现实中绝大多数情况均能满足此假设条件。

引理 6.3：对于 $i \in I$，函数 $g_n(x, i)$ 和 $f_n(x, i)$ 关于 $x \in \mathbb{R}$ 为强 $C_b K_s$ - 凸函数，其中，当 $i=0$ 时，$s=r$，当 $i \in I \backslash \{0\}$ 时，$s=b$，$1 \leqslant n \leqslant N$。

证明：采用归纳法证明，证明过程借鉴加列格和舍勒沃夫[110]提出的标准归纳方法。

第一期 $n=1$，易知 $g_1(x, i)$ 和 $f_1(x, i)$ 为关于 x 的凸函数，因此根据命题 6.1 性质 1，可得 $g_1(x, i)$ 和 $f_1(x, i)$ 为关于 x 的强 $C_b K_s$ - 凸函数。

假设对于 $n \geqslant 2$，$g_{n-1}(x, i)$ 和 $f_{n-1}(x, i)$ 是关于 x 的强 $C_b K_s$ - 凸函数，那么推证函数 $g_n(x, i)$ 和 $f_n(x, i)$ 是关于 x 的强 $C_b K_s$ - 凸函数。

首先，证明 $\beta \int_{\xi=0}^{\infty} \sum_{j \in I} p_{i,j} f_{n-1}(y - \xi, j) \varphi(\xi) d\xi$ 具有强 $C_b K_s$ - 凸性质。

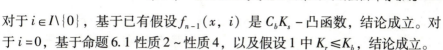

对于 $i \in I \backslash \{0\}$，基于已有假设 $f_{n-1}(x, i)$ 是 $C_b K_s$–凸函数，结论成立。对于 $i = 0$，基于命题 6.1 性质 2 ~ 性质 4，以及假设 1 中 $K_r \leqslant K_b$，结论成立。

从而 $g_n(y, i) = g_1(y, i) + \beta \int_{\xi=0}^{\infty} \sum_{j \in I} p_{i,j} f_{n-1}(y - \xi, j) \varphi(\xi) \mathrm{d}\xi$ 也具有强 $C_b K_s$–性质（命题 6.1 性质 3、性质 4）。

进一步考虑函数 $f_n(x, i)$。如果能证明 $v_n(x, i) = f_n(x, i) + c_s x$ 具有强 $C_b K_s$–凸性质，那么 $f_n(x, i)$ 也具有强 $C_b K_s$–凸性质。为了表述方便，可将 $v_n(x, i)$ 转化为：

$$v_n(x, i) = \min\{g_n(x, i), \min_{y \in (x, x+C_s]} g_n(y, i) + K_s\} \qquad (6-7)$$

令：

$$A \triangle K_s + v_n(x+a, i) - v_n(x, i) - (a/b)(v_n(y, i) - v_n(y-b, i))$$

其中 $y - b < y \leqslant x < x + a$。如果能证明 $A \geqslant 0$，那么 $v_n(x, i)$ 具有强 $C_b K_s$–凸性质。分以下四种情况比较 $v_n(x+a, i)$、$v_n(x, i)$、$v_n(y, i)$ 和 $v_n(y-b, i)$，其中 $y - b < y \leqslant x < x + a$。

情况 1： $v_n(x+a, i) = g_n(x+a, i)$，$v_n(y-b, i) = g_n(y-b, i)$，$i \in I$ 我们知道 $v_n(x, i) \leqslant g_n(x, i)$ 和 $v_n(y, i) \leqslant g_n(y, i)$，故可得：

$$A \geqslant K_s + g_n(x+a, i) - g_n(x, i) - (a/b)(g_n(y, i) - g_n(y-b, i)) \geqslant 0$$

根据 $g_n(x, i)$ 强 $C_b K_s$–凸的性质，可得不等式最后一步成立。

情况 2： $v_n(x+a, i) = g_n(x+a, i)$，$v_n(y-b, i) = g_n(y-b', i) + K_s$，$i \in I$，其中当 $i = 0$，$b' < b$，否则 $b - C_b \leqslant b' < b$。此情况下，

$$A = K_s + g_n(x+a, i) - v_n(x, i) - (a/b)(v_n(y, i) - g_n(y-b', i) - K_s).$$

• 如果 $v_n(y, i) \leqslant g_n(y-b', i) + K_s$，因为 $K_s + g_n(x+a, i) \geqslant v_n(x, i)$，有 $A \geqslant 0$。

• 如果 $v_n(y, i) > g_n(y-b', i) + K_s$，且 $g_n(y, i) \geqslant v_n(y, i)$，由于 $b' < b$，有 $g_n(y, i) - g_n(y-b', i) \geqslant v_n(y, i) - g_n(y-b', i) \geqslant v_n(y, i) - g_n(y-b', i) - K_s \geqslant 0$。

$$A \geqslant K_s + g_n(x+a, i) - g_n(x, i) - (a/b)(g_n(y, i) - g_n(y-b', i)) >$$
$$K_s + g_n(x+a, i) - g_n(x, i) - (a/b')(g_n(y, i) - g_n(y-b', i)) \geqslant 0$$

根据 $g_n(x, i)$ 强 $C_b K_s$–凸函数的性质，可得不等式最后一步成立。

情况 3： $v_n(x+a, i) = g_n(x+a', i) + K_s$，$v_n(y-b, i) = g_n(y-b, i)$，$i \in I$，其中当 $i = 0$，$a < a'$，否则 $a < a' \leqslant a + C_b$。

因为 $v_n(x, i) \leqslant K_s + g_n(x+a'-a, i)$ 和 $v_n(y, i) \leqslant g_n(y, i)$，可得 $A \geqslant K_s + K_s + g_n(x+a', i) - K_s - g_n(x+a'-a, i) - (a/b)(g_n(y, i) - g_n(y-b,$

i)。令 $y \leq x' = x + a' - a$，则 $A \geq K_s + g_n(x' + a, i) - g_n(x', i) - (a/b)(g_n(y, i) - g_n(y - b, i)) \geq 0$。根据 $g_n(x, i)$ 强 $C_b K_s$ – 凸函数的性质，可得不等式最后一步成立。

情况 4：$v_n(x + a, i) = g_n(x + a', i) + K_s$，$v_n(y - b, i) = g_n(y - b', i) + K_s$，$i \in I$，其中当 $i = 0$，$b' < b$，$a < a'$，否则 $b - C_b \leq b' < b$，$a < a' \leq a + C_b$。此情况下，

$$A = K_s + K_s + g_n(x + a', i) - v_n(x, i) - (a/b)(v_n(y, i) - g_n(y - b', i) - K_s)$$

- 如果 $v_n(y, 0) \leq g_n(y - b', 0) + K_r$：

当 $i = 0$，由于 $v_n(x, 0) \leq g_n(x + a', 0) + K_r$，则：

$$A \geq K_r + K_r + g_n(x + a', 0) - v_n(x, 0) > 0$$

当 $i \in I \setminus \{0\}$，我们分两种情况分析：$a' \leq C_b$ 和 $a' > C_b$。

（a）当 $a' \leq C_b$，初始库存状态 x 订货到状态 $x + a'$（当 $i = 0$，库存状态 x 总是可以订货到状态 $x + a'$），即 is $v_n(x, i) \leq g_n(x + a', i) + K_b$。因此：

$$A \geq K_b + K_b + g_n(x + a', i) - v_n(x, i) > 0$$

（b）当 $a' > C_b$，初始库存状态为 x，订货后的状态为 $x + C_b$。考虑到 $v_n(x, i) \leq g_n(x + C_b, i) + K_b$ 和 $0 < (a' - C_b)/b \leq a/b$，有：

$$A \geq K_b + K_b + g_n(x + a', i) - v_n(x, i) - ((a' - C_b)/b)(v_n(y, i) - g_n(y - b', i) - K_b)$$

$$\geq K_b + K_b + g_n(x + a', i) - g_n(x + C_b, i) - K_b - ((a' - C_b)/b)(v_n(y, i) - g_n(y - b', i) - K_b)$$

$$\geq K_b + g_n(x + C_b + (a' - C_b), i) - g_n(x + C_b, i) - ((a' - C_b)/b)(g_n(y + b - b', i) + K_b - g_n((y + b - b') - b, i) - K_b)$$

$$\geq K_b + g_n(x + C_b + (a' - C_b), i) - g_n(x + C_b, i) - ((a' - C_b)/b)(g_n(y + b - b', i) - g_n((y + b - b') - b, i)) \geq 0$$

根据 $g_n(x, i)$ 强 $C_b K_s$ – 凸函数的性质，可得不等式最后一步成立。

- 如果 $v_n(y, i) > g_n(y - b', i) + K_s$：

因为 $b' < b$，从而有：

$$A \geq K_s + K_s + g_n(x + a', i) - g_n(x + a' - a, i) - K_s - (a/b)(g_n(y, i) - g_n(y - b', i))$$

$$\geq K_s + g_n(x + a', i) - g_n(x + a' - a, i) - (a/b')(g_n(y, i) - g_n(y - b', i)) \geq 0$$

根据 $g_n(x, i)$ 强 $C_b K_s$ – 凸函数的性质，可得不等式最后一步成立。

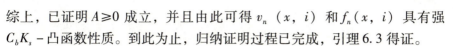

综上，已证明 $A \geqslant 0$ 成立，并且由此可得 $v_n(x, i)$ 和 $f_n(x, i)$ 具有强 $C_b K_s$ – 凸函数性质。到此为止，归纳证明过程已完成，引理 6.3 得证。

基于函数 $g_n(x, i)$ 和 $f_n(x, i)$ 的性质，接下来分析最优订货策略的结构特点。对于 $i \in I$，令 $g_n(y^*, i) = \min_{y \in (x, x+C_s)} g_n(y, i)$。若第 n 期，状态为 (x, i)，最优的状态依从的订购上限可以表述为，

$$y_n^*(x, i) = \begin{cases} y^*, & \text{如果 } g_n(x, i) \geqslant g_n(y^*, i) + K_s \\ x, & \text{如果 } g_n(x, i) < g_n(y^*, i) + K_s \end{cases} \quad (6-8)$$

定理 6.1：当从常规供应商处订货时，即 $i = 0$，存在 $X_n(0)$ 和 $Y_n(0)$，$1 \leqslant n \leqslant N$，使得：

$$y_n^*(x, 0) = \begin{cases} S_n(0), & \text{如果 } x \leqslant X_n(0) \\ x, & \text{如果 } x > Y_n(0) \end{cases} \quad (6-9)$$

当从备用供应商处订货时，对于任意的 $i \in I \backslash \{0\}$，存在 $X_n(i)$ 和 $Y_n(i)$，$1 \leqslant n \leqslant N$，使得：

$$y_n^*(x, i) = \begin{cases} x + C_b, & \text{如果 } x \leqslant X_n(i) \\ x, & \text{如果 } x > Y_n(i) \end{cases} \quad (6-10)$$

证明：我们先证明 $Y_n(i)$，$i \in I$ 的存在性。

在第 n 期，给定 $i \in I$，定义 $\Gamma_n(i)$ 为订货的库存水平集，即当初始库存水平 $x_0 \in \Gamma_n(i)$，订货为最优决策（订货量大于 0）。假设订货量是 a（$\in (0, C_s]$），即，$g_n(x_0, i) > g_n(x_0 + a, i) + K_s$。应用引理 6.3 和强 CK – 凸函数的定义，可以得到，对于任意 $y \leqslant x_0$，$0 < b \leqslant C_s$，有：

$$0 > K_s + g_n(x_0 + a, i) - g_n(x_0, i) \geqslant (a/b)(g_n(y, i) - g_n(y-b, i))$$

因此，$g_n(y, i)$ 关于 $y (\leqslant x_0)$ 递减。集合 $\Gamma_n(i)$ 应有上界，否则，取任意大的 $x_0 \in \Gamma_n(i)$，使得 $g_n(y, i)$ 关于 $y(\leqslant x_0)$ 递减，从而 $g_n(y, i)$ 也关于 $y \in \mathbb{R}$ 递减。但是，当 $y \to \infty$，有 $g_n(y, i) \geqslant L(y) + c_s y \to +\infty$（注意到期望成本函数 f_{n-1} 总是非负的）。因此我们就可以认为集合 $\Gamma_n(i)$ 至少有一个最大的元素，定义为 $Y_n(i)$。对于所有的 $x > Y_n(i)$，不订货为最优决策，即 $g_n(x, i) \leqslant g_n(x + a, i) + K_s$，$0 < a \leqslant C_s$。并且，$g_n(x, i)$ 关于 $x \leqslant Y_n(i)$ 递减。

我们已经证明了，对于 $x > Y_n(i)$，$i \in I$，不订货为最优决策，即 $y_n^*(x, i) = x$。下面，我们进一步证明 $X_n(0)$ 的存在性。

应用引理 6.2，可得 $g_n(x, 0)$ 和 $f_n(x, 0)$ 关于 $x (\leqslant \hat{x})$ 递减。因此，对于 $y \leqslant \tilde{x}(0) \leqslant \hat{x}$ [$\tilde{x}(0)$ 的定义，参见式 (6-5)]，有，

$$g_n(y, 0) = g_1(y, 0) + \beta \int_{\xi=0}^{\infty} \sum_{j \in I} p_{i,j} f_{n-1}(y - \xi, j) \varphi(\xi) \mathrm{d}\xi$$

$$\geq g_1(\tilde{x}(0), 0) + \beta \int_{\xi=0}^{\infty} \sum_{j \in I} p_{i,j} f_{n-1}(\hat{x} - \xi, j) \varphi(\xi) \mathrm{d}\xi$$

$$\geq K_r + g_1(\hat{x}, 0) + \beta \int_{\xi=0}^{\infty} \sum_{j \in I} p_{i,j} f_{n-1}(\hat{x} - \xi, j) \varphi(\xi) \mathrm{d}\xi$$

$$\geq K_r + g_n(\hat{x}, 0)$$

$$\geq K_r + g_n(S_n(0), 0)$$

不等式最后一步是基于 $S_n(0)$，是 $g_n(x, 0)$ 全局极小点的定义得到的。因此，根据式 (6-9) 可得存在 $X_n(0)$，使得 $X_n(0) \geq \tilde{x}(0)$。从而，当从常规供应商处补货时，如果 $x \leq X_n(0)$，最优订货决策是将库存水平订到 $S_n(0)$。

我们进一步证明 $X_n(i)$，$i \in I \backslash \{0\}$ 的存在性。

应用引理 6.2，知 $g_n(x, i)$ 关于 $x(\leq \hat{x})$，$i \in I \backslash \{0\}$ 递减。令 $r_n(i) \leq \hat{x}$ 和 $i \in I \backslash \{0\}$，如果所有 $x \leq r_n(i)$，$g_n(x, i) \geq g_n(x + C_b, i) + K_b$ 都成立，那么 $r_n(i)$ 就是 $X_n(i)$ 的下界。

从式 (6-2)，式 (6-5) 可知，对于 $x \leq \tilde{x}(i) - C_b$，有：

$$L(x) + c_b x \geq L(x + C_b) + c_b(x + C_b) + K_b \tag{6-11}$$

另外，由于 $x \leq \tilde{x}(i) - C_b$，可得 $x - \xi \leq x + C_b - \xi \leq \tilde{x}(i) \leq \hat{x}$。应用引理 6.2，导出：

$$\beta \int_{\xi=0}^{\infty} \sum_{j \in I} p_{i,j} f_{n-1}(x - \xi, j) \varphi(\xi) \mathrm{d}\xi \geq \beta \int_{\xi=0}^{\infty}$$
$$\sum_{j \in I} p_{i,j} f_{n-1}(x + C_b - \xi, j) \varphi(\xi) \mathrm{d}\xi \tag{6-12}$$

将不等式 (6-11) 与式 (6-12) 相加，可得当 $x \leq \tilde{x}(i) - C_b$，$i \in I \backslash \{0\}$，有 $g_n(x, i) \geq g_n(x + C_b, i) + K_b$ 成立。从而，$\tilde{x}(i) - C_b$ 可视作 $r_n(i)$ 的值。因此，对于 $x \leq X_n(i)$，存在 $X_n(i)$ 使得 $X_n(i) \geq \tilde{x}(i) - C_b$ 成立，并且最优的订货决策是订满备用供应商的能力。定理 6.1 得证。

对于 $i \in I$，$1 \leq n \leq N$，$X_n(i)$ 和 $Y_n(i)$ 的存在性已经得到证明，并且最优订货策略也得到了部分地刻画。然而，对于余下的 $(X_n(i), Y_n(i)]$ 区域，我们很难给出最优订货策略的简洁形式。后面小节中会运用数值例进行说明。

令 x_L 定义函数 $L(x)$ 取得极小值时的 x，即，$L'(x_L) = 0$。回顾 $\hat{x}(i)$ 是函数 $g_1(y, i) = L(y) + c_s y$ 取得极小值点的 x，即 $g_1'(\hat{x}(i), i) = L'(\hat{x}(i)) + c_s = 0$。由于 c_s 是非负的，从而有 $L'(\hat{x}(i)) \leq 0$。又 $L(x)$ 是凸函数，所以有 $x_L \geq \hat{x}(i) \geq \hat{x}$。接着分析对于所有的 $n = 1, 2, \cdots, N$，$\{X_n(0),$

$X_n(1)$，…，$X_n(T)\}$ 的下界和 $\{Y_n(0)$，$Y_n(1)$，…，$Y_n(T)\}$ 的上界。在此之前，先引出引理6.4的结论。

引理6.4：对于 $1 \leqslant n \leqslant N$，有：

1）$f_{n-1}(x, 0) \leqslant f_{n-1}(x+a, 0) + c_r a + K_r$，其中 $a \geqslant 0$；

2）$f_{n-1}(x, i) \leqslant f_{n-1}(x+a, i) + c_b a + K_b$，其中 $i \in I \setminus \{0\}$，$x \geqslant x_L - C_b$，$a \in [0, C_b]$，$C_b \geqslant \bar{d}$；

3）$g_n(x, i) \leqslant g_n(x+a, i) + K_b$，其中 $i \in I \setminus \{0\}$，$x \geqslant x_L$，$a \in [0, C_b]$，$C_b \geqslant \bar{d}$。

证明：当 $i = 0$，

$$f_n(x, 0) + c_r x \leqslant K_r + \min_{y \geqslant x} g_n(y, 0) \leqslant K_r + \min_{y \geqslant x+a} g_n(y, 0)$$
$$\leqslant K_r + f_n(x+a, 0) + c_r(x+a)。$$

从而，$f_n(x, 0) - f_n(x+a, 0) \leqslant K_r + c_r a$。

当 $i \in I \setminus \{0\}$，用数学归纳法证明性质第2）条和第3）条。

当 $n = 1$，因为 $f_0(x, i) = 0$，第2）条性质可直接得到。因为 $g_1(x, i)$ 关于 $x(\geqslant x_L)$ 递增，当 $x \geqslant x_L$，有 $g_1(x, i) \leqslant g_1(x+a, i) \leqslant g_1(x+a, i) + K_b$，其中 $a \in [0, C_b]$。因此，第3）条性质可得证。

如果第2）条，第3）条对于 n 成立，那么对于 $n+1$ 也成立。

对于第2）条，分两个区间分析：$x \geqslant x_L$，$x \in [x_L - C_b, x_L]$。

先考虑 $x \geqslant x_L$。对于 $a \in [0, C_b]$，$x \geqslant x_L$，基于式（6-3）及第3）条性质（n），$f_n(x, i) = g_n(x, i) - c_b x$，以及 $x+a \geqslant x_L$，从而有 $f_n(x+a, i) = g_n(x+a, i) - c_b(x+a)$。因此 $f_n(x, i) - f_n(x+a, i) = g_n(x, i) - c_b x - g_n(x+a, i) + c_b(x+a)$，加之第3）条性质（$n$），可推出 $f_n(x, i) - f_n(x+a, i) \leqslant K_b + c_b a$，也即是第2）条性质。

接着考虑 $x \in [x_L - C_b, x_L]$。

当库存水平为 $x+a$，如果不订货为最优，则 $f_n(x+a, i) = g_n(x+a, i) - c_b(x+a)$，$f_n(x, i) \leqslant g_n(x+a, i) - c_b x + K_b$。因此 $f_n(x, i) - f_n(x+a, i) \leqslant K_b + c_b a$，也即是第2）条性质。

当库存水平为 $x+a$，如果订货至 $x+a+b$ 为最优，其中 $b \in (0, C_b]$，那么 $f_n(x+a, i) = g_n(x+a+b, i) - c_b(x+a) + K_b$。接着分两种情况分析：$x+a+b \leqslant x+C_b$ 和 $x+C_b < x+a+b \leqslant x+C_b+C_b$。

当 $x+a+b \leqslant x+C_b$，由于 $f_n(x, i) \leqslant g_n(x+a+b, i) - c_b x + K_b$，从而有 $f_n(x, i) - f_n(x+a, i) \leqslant c_b a \leqslant K_b + c_b a$。

当 $x+C_b < x+a+b \leqslant x+C_b+C_b$，令 $y' = x+C_b$，$a' = a+b-C_b$ 使得

$y' < y' + a' \leq y' + C_b$，$0 < a' \leq C_b$。并且$f_n(x + a, i) = g_n(x + a + b, i) - c_b(x + a) + K_b = g_n(y' + a', i) - c_b(x + a) + K_b$。因为$f_n(x, i) \leq g_n(x + C_b, i) - c_b x + K_b$ [基于式 (6-3)]，有$f_n(x, i) - f_n(x + a, i) \leq g_n(x + C_b, i) - c_b x + K_b - g_n(x + a + b, i) + c_b(x + a) - K_b = g_n(y', i) - g_n(y' + a', i) + c_b a \leq K_b + c_b a$。不等式最后一步从第3）条性质得到。

综上所述，对于任意$x \in [x_L - C_b, x_L]$，$x + C_b \geq x_L$，有$f_n(x, i) - f_n(x + a, i) \leq K_b + c_b a$，也即是第2）条性质。

对于第3）条性质，如果$y \geq x_L$，因为$C_b \geq \bar{d}$，所以当$\xi \in [0, \bar{d}]$，有$y - \xi \geq x_L - \xi \geq x_L - C_b$基于$x_L$的定义以及第2）条性质，当$y \geq x_L$时，有下式成立：

$$g_{n+1}(y, i) = L(y) + c_b y + \beta \int_{\xi=0}^{\bar{d}} \sum_{j \in I} p_{i,j} f_n(y - \xi, j) \varphi(\xi) d\xi$$

$$\leq L(y + a) + c_b y + \beta \left(\int_{\xi=0}^{\bar{d}} \sum_{j \in I} p_{i,j} f_n(y + a - \xi, j) \varphi(\xi) d\xi + c_b a + K_b \right)$$

$$\leq g_{n+1}(y + a, i) + K_b$$

以上即是第3）条性质。到此，数学归纳证明过程已经完成，性质第2）条与第3）条得证，从而引理6.4得证。

令$\underline{X}(0) = \tilde{x}(0)$、$\overline{Y}(0) = x_L$。对于$i \in I \backslash \{0\}$，令$\underline{X}(i) = \tilde{x}(i) - C_b$并且：

$$\overline{Y}(i) = \begin{cases} x_L & \text{如果 } \bar{d} \leq C_b \\ (T - i) \bar{d} & \text{如果 } \bar{d} > C_b \end{cases}$$

定理6.2：对于$1 \leq n \leq N$，$X_n(i)$ 和 $Y_n(i)$ 满足：

$$\underline{X}(i) \leq X_n(i) \leq Y_n(i) \leq \overline{Y}(i)$$

证明：在定理6.1中，对于$i \in I \backslash \{0\}$，已经证明$\underline{X}(0) = \tilde{x}(0)$，$\underline{X}(i) = \tilde{x}(i) - C_b$。接下来，证明$\overline{Y}(i)$，我们分三种情况讨论：$i = 0$、$i \in I \backslash \{0\}$，$\bar{d} \leq C_b$、$i \in I \backslash \{0\}$，$\bar{d} > C_b$。

先考虑$i = 0$。应用引理6.4和x_L的定义，我们可以得到对于$x \geq x_L$，$a \geq 0$，有：

$$g_{n+1}(x, 0) = L(x) + c_r x + \beta \int_{\xi=0}^{\bar{d}} \sum_{j \in I} p_{i,j} f_n(x - \xi, j) \varphi(\xi) d\xi$$

$$\leq L(x + a) + c_r x + \beta \left(\int_{\xi=0}^{\bar{d}} \sum_{j \in I} p_{i,j} f_n(x + a - \xi, j) \varphi(\xi) d\xi + c_r a + K_r \right)$$

$$\leq g_{n+1}(x + a, 0) + K_r$$

因此，对于$x \geq x_L$，$a \geq 0$，$g_{n+1}(x, 0) \leq g_{n+1}(x + a, 0) + K_r$成立，不订货为最优决策，即在这种情况下$\overline{Y}(0) = x_L$。

接着考虑 $i \in I \setminus \{0\}$，$\bar{d} \leqslant C_b$ 的情况。应用引理 6.4，可以直接得到 $\bar{Y}(i)$ 的上界为 x_L。因此，在这种情况下，$Y_n(i)$ 是 $\bar{Y}(i) = x_L$ 的上界。

对于 $i \in I \setminus \{0\}$，$\bar{d} > C_b$ 的情况，引理 6.4 不再适用，需给出另外的上界 $\bar{Y}(i)$。注意到常规供应商的修复过程最多持续 T 期。备用供应商无论单价或固定订货成本均比常规供应商贵，因此在当期初库存大于或者等于 $(T-i)\bar{d}$ 时，没有必要再从备用供应商处补货。因此，可用 $\bar{Y}(i) = (T-i)\bar{d}$ 作为 $Y_n(i)$ 的上界。定理 6.2 证明得证。

相对来说，在 $i = 0$ 时，上界为 $\bar{Y}(i)$，在 $i \in I \setminus \{0\}$ 时，上界为 $\bar{d} \leqslant C_b$，这两种情况下的上界较为紧。在 $i \in I \setminus \{0\}$，$\bar{d} > C_b$ 的情况下较为松。在标准库存系统（有限能力和固定订货成本）中，当需求的极大值大于能力约束时，Y 的上界更为复杂并且较松（参见陈绍祥[109]）。

接下来讨论无限期的情况。在 N 期问题中对 N 取极限，直接可得无限期问题下的成本函数和最优策略，以及最优策略的界。

定理 6.3：对于 $x \in \mathbb{R}$，$i \in I$，序列 $\{f_n(x, i)\}_{n \geqslant 0}$ 和 $\{g_n(x, i)\}_{n \geqslant 1}$ 关于 n 收敛。并且，其极限函数 $f(x, i)$ and $g(x, i)$ 满足以下等式，

$$f(x, i) = \min_{y \in [x, x + C_s]} \{K_s \delta(y - x) + c_s(y - x) + L(y) + \beta \int_{\xi = 0}^{\infty}$$
$$\sum_{j \in I} p_{i,j} f(y - \xi, j) \varphi(\xi) d\xi\} \qquad (6-13)$$

$$g(y, i) = L(y) + c_s y + \beta \int_{\xi = 0}^{\infty} \sum_{j \in I} p_{i,j} f(y - \xi, j) \varphi(\xi) d\xi \qquad (6-14)$$

可以证明对于给定的 (x, i)，序列 $\{f_n(x, i)\}_{n \geqslant 0}$ 和 $\{g_n(x, i)\}_{n \geqslant 1}$ 关于 n 递增且有上界。函数式（6-13）和式（6-14）构成了无限期状态下的模型。以下定理描述了极限函数 f，g 具有关于 x 强 $C_b K_s$-凸函数的性质，以及在无限期问题中，平稳的最优策略的存在性，此平稳策略是序列 $\{y_n^*(x, i)\}$ 关于 n 取极限所得。

定理 6.4：给定 $i \in I$，$f(x, i)$ 和 $g(x, i)$ 关于 x 具有强 $C_b K_s$-凸函数的性质，其中当 $i = 0$ 时，$s = r$，否则 $s = b$。最优订货策略为状态依从的 $[X(i), Y(i)]$ 能带结构。另外，定理 6.2 中的结论也适用于无限期的问题。

证明：应用定理 6.3，再令引理 6.3，定理 6.1 和定理 6.2 中 $N \to \infty$，定理 6.4 可得证。

在无限期的问题中，最优订货策略为服从状态依从的 $[X(i), Y(i)]$ 能带结构。即当初始库存水平低于 $X(i)$ 或者高于 $Y(i)$ 时，库存管理者可直接运用此策略进行最优订货决策。同样的，进一步刻画 $X(i)$ 和 $Y(i)$

之间的最优订货策略则较为困难。

6.3 数值分析

在此小节中，设计数值实验进一步描述状态依从的 $[X(i), Y(i)]$ 能带策略，以及分析参数灵敏度对系统的影响。为了计算结果较为简洁，我们在无限期问题的背景下设计数值试验。在现有的求解算法中，相关的有宋和思普肯[137]，陈绍祥[129] 的研究。前者是两维状态空间下动态规划库存模型在随机环境中的应用，为一般算法，不能直接应用于本模型中。后者是经典库存模型中的 $X-Y$ 能带策略的计算方法。现有的算法不能直接计算本章的模型，因此我们设计了具体算法如下所示。

算法：

步骤 1. 设定模型的参数。

步骤 2. 计算 $\hat{x}(i)$，$\tilde{x}(i)$，$\hat{x}$，$i \in I$，计算 x_L。

步骤 3. 对于 $i=0$，设置上下界 $\underline{X}(0) = \tilde{x}(0)$ 和 $\bar{Y}(0) = x_L$。对于 $i \in I\backslash\{0\}$，设置下界 $\underline{X}(i) = \tilde{x}(i) - C_b$，如果 $\bar{d} \leqslant C_b$，设置上界 $\bar{Y}(i) = x_L$，否则 $\bar{Y}(i) = (T-i)\bar{d}$。

步骤 4. 设定初始值 $f^0 = 0$，设定迭代索引 $n=1$。

步骤 5. 找出 $S_n(0)$。

步骤 6. 对于 $i \in I$，根据 $X(i)$，$Y(i)$ 在定理 6.1 和定理 6.4 的定义，在 $\underline{X}(i)$ 和 $\bar{Y}(i)$ 之间找出 $X(i)$ 和 $Y(i)$。

步骤 7. 对于 $i=0$ 和所有的 $x \leqslant X(0)$，取 $y_n(x, 0) = S_n(0)$，计算 $f_n(x, 0) = g_n(y_n(x, 0), 0) + K_r + c_r x$。对于 $i=0$ 和所有的 $x > Y(0)$，取 $y_n(x, 0) = x$，计算 $f_n(x, 0) = g_n(y_n(x, 0), 0) + c_r x$。

对于 $i \in I\backslash\{0\}$ 和所有的 $x \leqslant X(i)$，取 $y_n(x, i) = x + C_b$，计算 $f_n(x, i) = g_n(y_n(x, i), i) + K_b + c_b x$。对于 $i=1, \cdots, I$ 和所有的 $x > Y(i)$，取 $y_n(x, i) = x$，计算 $f_n(x, i) = g_n(y_n(x, i), i) + c_b x$。

对于 $i \in I$ 和所有的 $X(i) < x \leqslant Y(i)$，计算 y^* 满足如下无限期问题的递归等式，

$$g_n(y, i) = c_s y + L(y) + \beta \int_{\xi=0}^{\infty} \sum_{j \in I} p_{i,j} f_{n-1}(y-\xi, j) \varphi(\xi) d\xi$$

$$f_n(x, i) = \min\{g_n(x, i), K_s + \min_{y \in (x, x+C_s)} g_n(y, i)\} - c_s x$$

让 $y_n(x, i) = y^*$。

步骤 8. 若终止条件成立，则计算停止，否则，更新 $n = n + 1$，返回至步骤 5。

在上述的算法中，终止条件是设定为两次连续的迭代下，f_n 在状态空间中的差值不超过一个设定的极小量。

参数设置如下：$T = 3$、$C_b = 15$、$p_{0,0} = 0.9$、$p_{1,0} = 0.5$、$p_{2,0} = 0.75$、$p_{3,0} = 1$、$K_r = 24$、$K_b = 25$、$h = 1$、$\pi = 16$、$c_r = 2$、$c_b = 3$、$\beta = 0.96$、$\varphi \sim$ 满足一个修正的正态分布 $N_m(6, 2^2)$，上限 $\bar{d} = 12$（在这里，上限为 $\bar{d}$ 修正的正态分布是指，将自变量小于 0 的部分的概率全部加到自变量为 0 的概率上，将自变量大于 $\bar{d}$ 的部分的概率全部加到自变量为 $\bar{d}$ 的上面，并且将自变量为非整数值的概率全部加到离其最近的整数点上）。

应用上述算法，可以得到最优的订货量，如表 6 – 1 所示。$X(i)$ 和 $Y(i)$ 的值用粗斜体进行了强调，$X(0) = 3$、$Y(0) = 4$、$X(1) = -1$、$Y(1) = 2$、$X(2) = -2$、$Y(2) = 1$、$X(3) = -7$、$Y(3) = -1$。从表 6 – 1 可以看到，当期初库存落在 $X(i)$ 和 $Y(i)$，$i = 0, 1, 2, 3$，之间时，很难得出一般性的订货策略。直观上缺货很多似乎会引起多订货的决策。但是实际上，并不是这样。例如，当 $i = 3$，缺货量为 8，7 和 6 时，订货量分别是 14，13 和 12。与此同时，当缺货量减少为 5，4 和 3 时，订货量却增加到 15（备用供应商的最大能力）。另外，对于区域 $X(3) = -7$ 和 $Y(3) = -1$ 之间，订货量呈现出关于期初库存先减后增的情况。出现该现象的原因包括，由于低价常规供应商即将恢复供货（$i = T = 3$），决策者为了节约订货成本，即便是在低库存水平条件下，亦选择等待常规供应商，而不从贵的备用供应商处补货；当库存水平较高时，决策者会从备用供应商处补较多的货，避免从常规供应商处补货，以节省固定订货成本。另外，对于 $i = 1, 2$，$X(i+1)$ 比 $X(i)$ 小，原因是备用供应商有能力限制。决策者仅对此次供货中断会持续时间的概率有所了解，并不知道确切的时长，因此会倾向在供货中断发生后的较为前面的时间里多订货。

表 6 – 1　　　　　　　　　　　最优订货量

i \ x	-8	-7	-6	-5	-4	-3	-2	-1	0	1	2	3	4
0	27	26	25	24	23	22	21	20	19	18	17	*16*	*0*
1	15	15	15	15	15	15	15	*15*	14	13	*0*	0	0

续表

i \ x	-8	-7	-6	-5	-4	-3	-2	-1	0	1	2	3	4
2	15	15	15	15	15	15	*15*	14	13	*0*	0	0	0
3	15	*15*	14	13	15	15	14	*0*	0	0	0	0	0

接下来，我们讨论常规供应商中断概率 $p_{0,1}$ 和修复概率 $p_{1,0}$，$p_{2,0}$ 对系统成本的影响。初始库存设为0，讨论系统在常规供应商各个状态下的成本情况，即 $f(0, 0)$，$f(0, 1)$，$f(0, 2)$ 和 $f(0, 3)$。如图6-3所示，对于 $i = 0$，1，2，3，$f(0, i)$ 随着 $p_{0,1}$ 增加而增加。在中断概率较小的时候，该增加速度较快，在中断概率较大的时候，该增加速度较慢。图6-4描述修复概率对成本的影响。可以看到对于每一个 $i = 0$，1，2，3，随着修复概率 $p_{1,0}$ 和 $p_{2,0}$ 增加，系统成本 $f(0, i)$ 减少。并且，在供货中断发生后的第一个订货周期，相对于后面的订货周期，系统边际成本下降得快。由此可以看到，修复概率和修复速度（李[97] 将这两种性质合称为敏捷性，"Agility"）都对系统成本有影响。对于管理者而言，需要同时关注常规供应商的可靠性以及对突发事件的敏捷性。

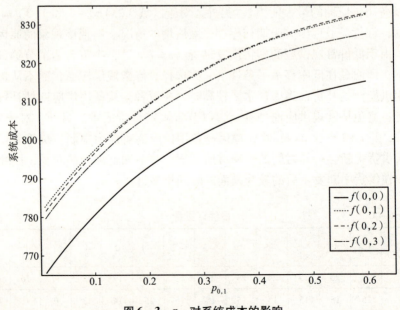

图6-3　$p_{0,1}$ 对系统成本的影响

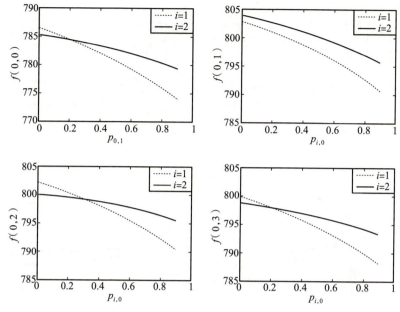

图 6 - 4 修复概率 $p_{i,0}$ 对系统成本的影响

下面举例解释备用供应商的能力约束对系统成本的影响。分别考察了 $C_b = 2$、$C_b = 3$ 和 $C_b = 4$，结果如图 6 - 5 所示。可以看出，系统成本随着 C_b 增加而减小。并且，当 C_b 较小的时候，成本曲线下降特别快，当 C_b 较大的时候，成本曲线开始变得平缓，对 C_b 的变化不敏感。在我们的系统中，由于订货会产生固定订货成本，一笔订单可能满足多期的需求。很有趣的是，系统成本曲线变得平缓的转折点比单期需求极大值小，特别是当单位订货成本 c_b 较高的时候，这种情况愈发明显。实际上，对于生产商而言，并不需要备用供应商保有太高的能力，以满足常规供应商发生供货中断后的总需求。而且，当备用供应商要价太高时，这种对其能力的要求就进一步削弱了。

接下来，我们讨论备用供应商的价格参数 K_b 和 C_b 对最优订货量和系统成本的影响。系统成本不仅考虑从备用供应商订货时的成本，还包括从常规供应商订货时的成本。结果如表 6 - 2、表 6 - 3 和图 6 - 6、图 6 - 7 所示。注意到假设 1 要求固定订货成本 K_r 和 K_b 满足一定的大小关系。为了能在此例中讨论到更大范围的 K_b 的取值，取 $p_{0,1} = 0.01$，$p_{0,0} = 0.99$。

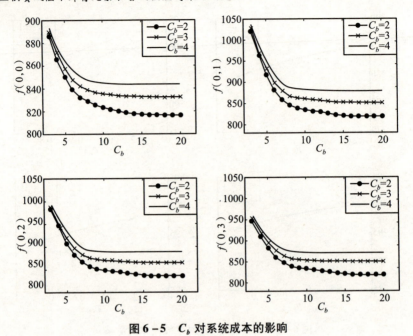

图 6 - 5　C_b 对系统成本的影响

表 6 - 2　　　　　　　　　C_b 对最优订货量的影响，$c_r = 2$

i x	$C_b = 2$ 0 1 2 3	$C_b = 4$ 0 1 2 3	$C_b = 6$ 0 1 2 3
-7	28 15 15 15	29 15 15 15	29 15 15 15
-6	27 15 15 15	28 15 15 14	28 15 14 14
-5	26 15 15 15	27 15 14 13	27 14 13 13
-4	25 15 15 15	26 15 13 12	26 14 12 12
-3	24 15 15 15	25 15 12 11	25 12 11 11
-2	23 15 15 15	24 15 11 10	24 11 10 10
-1	22 15 15 15	23 15 10 9	23 10 9 9
0	21 15 15 15	22 15 9 8	22 9 8 8
1	20 15 15 15	21 14 8 7	21 8 7 7
2	19 15 15 15	20 13 7 6	20 7 6 6
3	18 15 15 15	19 12 6 5	19 6 5 5
4	17 15 15 15	18 11 5 4	18 5 0 0

续表

i x	$C_b = 2$ 0 1 2 3	$C_b = 4$ 0 1 2 3	$C_b = 6$ 0 1 2 3
5	16 15 15 15	17 0 0 0	17 0 0 0
6	15 0 0 0	16 0 0 0	16 0 0 0
7	0 0 0 0	0 0 0 0	0 0 0 0

表 6 - 3　　　　　　　　K_b 对最优订货量的影响，$K_r = 24$

i x	$K_b = 24$ 0 1 2 3	$K_b = 42$ 0 1 2 3	$K_b = 60$ 0 1 2 3
-7	28 15 15 15	28 15 15 15	28 15 15 15
-6	27 15 15 15	27 15 15 15	27 15 15 15
-5	26 15 15 15	26 15 15 14	26 15 15 14
-4	25 15 15 15	25 15 15 13	26 15 15 13
-3	24 15 15 15	24 15 15 12	24 15 15 12
-2	23 15 15 15	23 15 11 11	23 15 15 11
-1	22 15 15 15	23 15 10 10	22 15 15 15
0	21 15 15 15	21 15 15 15	21 15 15 15
1	20 15 15 15	20 15 15 15	20 15 15 15
2	19 14 14 14	19 15 14 14	19 15 14 14
3	18 13 13 13	18 14 13 13	18 14 13 0
4	17 12 12 12	17 13 0 0	17 0 0 0
5	16 11 11 0	16 0 0 0	16 0 0 0
6	15 0 0 0	14 0 0 0	14 0 0 0
7	0 0 0 0	0 0 0 0	0 0 0 0

　　从表 6 - 2、表 6 - 3 可以看到，当 C_b 和 K_b 增加时，从常规供应商订货的订货量变化特别微小。即是说，备用供应商的价格对从常规供应商处订货的最优决策影响较小。另一方面，当从备用供应商处订货时，K_b 和 C_b 对最优订货量的影响则变得较大。随着 K_b 和 C_b 的增加，最优订货量总体上趋于减小。随着 K_b 的增加，订货量却不一定会减小。比如，当系统

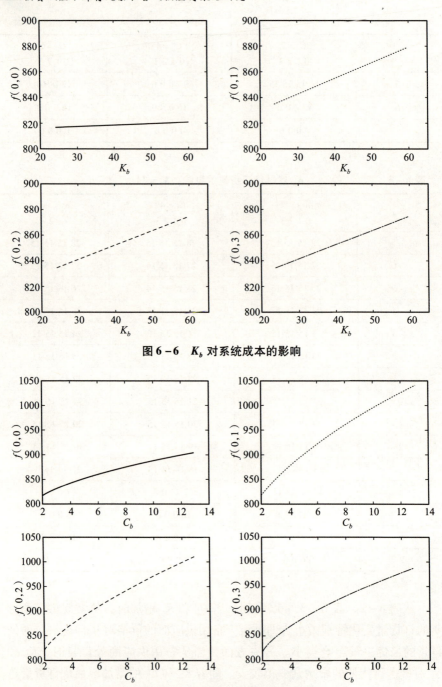

图 6-6　K_b 对系统成本的影响

图 6-7　C_b 对系统成本的影响

状态为（ -1, 2）时，对于 $K_b = 42$，最优订货量为 10，对于 $K_b = 60$，最优订货量为 15。这是因为一旦订货，就会发生固定订货成本，但是通过少订一部分，等待便宜的常规供应商修复，却可以节约线性部分的订货成本。由图 6 - 6、图 6 - 7 可以看到，不论系统的初始状态为常规供应商可供货或不可供货，系统成本均随着 K_b 和 C_b 增加而增加。若常规供应商发生了供货中断，系统的成本对 K_b 和 C_b 比正常供货时更为敏感。此性质与上述例子中最优订货量的特征一致。

6.4　模　型　扩　展

文中假设备用供应商有能力限制，如果松弛备用供应商的能力至无穷大，可得对 $i \in I$，函数 $f(x, i)$、$g(x, i)$ 则为关于 x 的 K_s - 凸函数。应用命题 6.1 性质（5），可直接推得此结论。从而，基于斯卡夫[125]，可得最优策略为状态依从的 $[s(i), S(i)]$ 类型策略。

文中假设供应商没有提前期，如果常规供应商与应急供应商的提前期相等，将库存水平（inventory level）换做库存位置（inventory position），文中的推导分析仍然成立。思普肯[160]定义库存位置等于手头库存（on-hand inventory）和在途库存（on-order inventory）减去缺货（back-orders）。在常规供应商与应急供应商的提前期不相等的情况下，状态空间需用多维刻画，分析变得复杂。在常规供应商与应急供应商的提前期不相等，相差为 1 的情况下，可以得到一些结构性质，分析过程如下。

考虑常规供应商的提前期为 ℓ，备用供应商为 $\ell + 1$ 的情况（如果常规供应商的提前期比备用供应商多一期的情况，分析过程类似）。

最后 ℓ 期没有订货决策发生，没有实际意义。因此，定义从第（ $\ell + 1$）期到结束为第一期 1（反序编号），进而对余下的期进行编号。

用 φ_ℓ 代替 φ，得到新的 $L(\cdot)$。提前期 t 内的总需求密度函数用 $D(\ell)$ 表示。为了简化分析，假设折扣因子 $\beta = 1$。

系统中库存的状态，用库存位置表示。在第 n 期，初始库存位置为 x，订货后库存位置变为 y，当期的期望成本为，当 $i = 0$ 时，$K_r \delta(y - x) + c_r \cdot (y - x) + L(y)$，当 $i \in I \backslash \{0\}$ 时，$K_b \delta(y - x) + c_b \cdot (y - x) + L(x)$。从而函数递归式可写为：

$f_n(x, i)$

$$
= \begin{cases}
-c_r x + \min_{y \geq x} \left\{ \begin{array}{l} K_r \delta(y-x) + c_r y + L(y) \\ + \int_{\xi=0}^{+\infty} \sum_{j \in I} p_{i,j} f_{n-1}(y-\xi, j) \varphi(\xi) \end{array} \right\}, & \text{当 } i = 0, \\
-c_b x + L(x) + \min_{x \leq y \leq x + C_b} \left\{ \begin{array}{l} K_b \delta(y-x) + c_b y \\ + \int_{\xi=0}^{+\infty} \sum_{j \in I} p_{i,j} f_{n-1}(y-\xi, j) \varphi(\xi) \end{array} \right\}, & \text{其他。}
\end{cases}
\tag{6-15}
$$

其中 $f_0(x, i) = 0$, $x \in \mathbb{R}$, $i \in I$。

令 $\tilde{f}_n(x) = c_s x + f_n(x)$, 当 $i = 0$ 时, $\tilde{g}_n(y, i) = L(y) + \int_{\xi=0}^{+\infty} \sum_{j \in I} p_{i,j} \tilde{f}_{n-1}$

$(y-\xi, j) \varphi(\xi)$ 当 $i \in I \backslash \{0\}$ 时, $\tilde{g}_n(y, i) = \int_{\xi=0}^{+\infty} \sum_{j \in I} p_{i,j} \tilde{f}_{n-1}(y-\xi, j) \varphi(\xi)$。

那么, 式 (6-15) 可写为:

$$
\tilde{f}_n(x, i) = \begin{cases}
\min_{y \geq x} \left\{ K_r \delta(y-x) + g_n(y, i) \right\}, & \text{当 } i = 0, \\
L(x) + \min_{x \leq y \leq x + C_b} \left\{ K_b \delta(y-x) + g_n(y, i) \right\}, & \text{其他。}
\end{cases}
$$

$$\tag{6-16}$$

我们已经建立了新的模型, 在分析结构性质之前, 需要调整 $\hat{x}$ 和 $\tilde{x}$ (0) 的定义。令 $\hat{x} = \arg\min_{y \in \mathbb{R}} L(y)$, $\tilde{x}(0) = \max\{ y \leq \hat{x} \mid L(y) \geq K_r + L(\hat{x}) \}$。

引理 6.5: 对于所有 $i \in I$, $n = 1, 2, \cdots$, 有 $\tilde{f}_n(x, i)$ 关于 $x \in (-\infty, \bar{x}]$ 递减。

证明: 用归纳法证明。显然当 $n = 0$ 时, 结论成立。假设当 $n-1$ 时, 结论成立。仍然采用表达式 $\tilde{g}_n^*(x, i) = \min_{y \in (x, x+C_s]} \tilde{g}_n(y, i)$。

如果 $i = 0$, 那么 $\tilde{f}_n(x, 0) = \min\{ \tilde{g}_n(x, i), K_r + \tilde{g}_n^*(x, i) \}$。根据 $\hat{x}$ 的定义, 以及归纳假设, 有 $\tilde{g}_n(x, 0)$ 关于 $x \in (-\infty, \hat{x}]$ 递减。$\tilde{g}_n^*(x, i)$ 在 $x \in (-\infty, \hat{x}]$ 区间上不变, 从而 $\tilde{f}_n(x, 0)$ 关于 $x \leq \hat{x}$ 递减。

如果 $i \neq 0$, 那么 $\tilde{f}_n(x, i) = L(x) + \min\{ \tilde{g}_n(x, i), K_b + \tilde{g}_n^*(x, i) \}$。因为 $\tilde{g}_n(x, i)$ 关于 $x \in (-\infty, \hat{x}]$ 递减, 有 $\tilde{g}_n^*(x, i) = \min_{y \in (x, x+C_r]} \tilde{g}_n(y, i)$ 关于 $x \in (-\infty, c-C_r]$ 递减。另一方面, 当 $x \in (\hat{x}-C_r, \hat{x}]$ 时, 有 $\tilde{g}_n^*(x, i) = \min_{y \in (x, x+C_r]} \tilde{g}_n(y, i) = \min_{y \in (\hat{x}, x+C_r]} \tilde{g}_n(y, i)$, 关于 x 递减。因此, 当 $x \leq \hat{x}$ 时, $\tilde{f}_n(x, i)$ 关于 x 递减。到此, 归纳过程已完成。引理 6.5 得证。

引理 6.6: 对于所有 $i \in I$, $1 \leq n \leq N$, 有 $\tilde{g}_n(x, i)$ 和 $\tilde{f}_n(x, i)$ 关于 $x \in \mathbb{R}$ 具有强 $C_b K_s$-凸的性质, 其中当 $i = 0$, $s = r$, 否则 $s = b$。

定理6.5：当从常规供应商补货时，即 $i=0$，存在 $X_n(0)$ 和 $Y(0)$，$1\leqslant n\leqslant N$，使得：

$$y_n^*(x,\ 0)=\begin{cases}S_n(0), & \text{当 } x\leqslant X_n(0)\\ x, & \text{当 } x\geqslant Y_n(0)\end{cases}$$

当从备用供应商补货时，即 $i\in I\setminus\{0\}$，$1\leqslant n\leqslant N$，存在 $Y(i)$ 使得当 $x\geqslant Y_n(i)$ 时，有 $y_n^*(x,\ i)=x$。

引理6.6 和定理6.5 的证明过程与引理6.3 和定理6.1 类似，在此省略证明过程。

6.5 本章小结

本章研究了由双供应商供货的库存系统，其中常规供应商有供货中断风险，在其不能供货时，系统可从高价的备用供应商处购买有限数量的产品。我们描述了系统的最优订货策略，为状态依从的 $[X(i),Y(i)]$ 能带结构，并且提出了 $X(i)$ 和 $Y(i)$ 的界，给模型的计算带来了很大方便。另外，我们给出了针对这个特定系统模型的算法，通过数值实验考察了系统参数对系统成本和最优决策的影响，得到的结论对管理实践有一定的参考意义。例如，管理者不仅要考虑常规供应商的供货可靠性，其敏捷的应对突发事件的能力也是需要重点关注的。一般情况下，只有在备用供应商的供货能力特别弱的时候，系统成本对其才是敏感的，而且并不需要备用供应商的能力条件能够满足常规供应商中断期间的所有需求量。当从常规供应商处补货时，备用供应商的价格对系统的最优决策影响较小，当从备用供应商处补货时，其价格因素就比较重要了，特别是供货单价。进一步刻画 $[X(i),Y(i)]$ 能带策略的结构将会是很有挑战的工作，可以作为后续研究内容。

第7章

结论与展望

实践中引起供货风险的原因多种多样，如生产线工艺不稳定、运输损坏、自然灾害、人为破坏，等等。供应链管理者通常采用保有额外库存以及保有额外供应商以应对供货风险。然而如何从战略层面制定合适的库存采购战略、从运营层面作出合适的订货决策是供应链管理者亟待解决的问题。

本书基于单供应商库存系统和双供应商库存系统，研究单个销售期以及长期运行期供货风险应对策略。对于单个销售期单供应商供应链系统，讨论了随机产出下的一类两级供应链。采用斯坦伯格模型分析供需双方的博弈，引用反 S 型权重函数刻画决策者的心理权重，刻画了双方各自的最优订购量和最优计划生产量。研究结论指出，当供需双方完全理性时，供应链仅能在极端情况下达到协调，没有现实意义；但是当供需一方或双方有风险态度时，供应链有可能达到协调，解释了实际情况下的决策行为，并为其优化决策提供了理论支持。对于长期运行单供应商库存系统，分析了连续盘点库存系统中风险厌恶型决策者的订货策略，区分讨论了 ZIO 策略与 Non – ZIO 策略下的 EOQD 库存模型。本章将反 S 型的权重函数引入传统的 EOQD 模型中，研究结论对于存在风险厌恶偏好的库存决策者提出了具有针对性的建议。

对于单个销售期双供应商供应链系统，研究生产商与常规供应商的订货决策、与备用供应商的合约谈判问题。讨论了一种常见的合约形式，备用供应商要求生产商提前预订一定的生产能力，后续的订单需不超过预订的生产能力，预付费依据预订的能力按一定比例支付。生产商与常规供应商的合作在先，备用供应商可能具有与常规供应商比较引发的横向公平偏好。基于所考察的供应链系统，设计有偿实验进行验证。实验结果表明，备用供应商确实有显著的横向公平偏好，并且发现生产商在制定合约条款时会一定程度地考虑备用供应商的公平偏好行为，从而给出一些让步。通过构建引入备用供应商的横向公平偏好的斯坦伯格博弈模型，分析了生产商从常规供应商处的订货量、从备用供应商处的预订量以及预付金比例的最优决策，比较了备用供应商完全理性与有横向公平偏好的模型结果。研究结果表明，当备用供应商完全理性时，最优策略为不需付预付金的紧急备货策略；但当备用供应商有横向公平偏好时，则最优策略为依赖情境的多样化策略。因此，当企业采用双供应商策略应对供货风险时，需要考虑备用供应商的横向公平偏好，以制定恰当的策略，否则备用供应商可能会拒绝合作，从而带来不必要的损失。另外，从生产商的角度，并不是常规供应商的可靠性越高越有利。从备用供应商的角度，具有公平偏好获得更多的利益是有条件的，一些情况下，也会得不偿失。

在此基础上，针对一对二供应链结构，采用强化学习模型刻画决策者的经验学习特征。通过区别个体自我学习以及社会学习的实验环境，从学习效应的角度分析系统各方决策随经验增加带来的变化，以及不同学习环境下横向公平关切行为的特点。实验研究结果支持了经验学习效应存在的假设。一方面，被试的决策时间和备用供应商的整体拒绝率符合学习效应中"实践的幂定律"的特征，另一方面，制造商的策略逐渐集中也体现了个体在过去某个决策带来的良好结果，在未来的决策中会更倾向于这个决策的学习特性。通过构建引入公平关切的强化学习模型对公平因子、遗忘效应参数进行估计，结果表明备用供应商的横向公平关切程度在两组实验环境下均较为明显，而遗忘效应仅在社会学习实验环境的实验环境下表现显著。

对于长期运行的双供应商系统，考察周期性盘点的库存决策优化。由于备用供应商仅在常规供应商发生了供货中断后供货，考虑备用供应商仅能保留有限的产能。用马尔科夫过程刻画常规供应商的正常供货与供货中断的状态转移过程，考虑订货成本包括固定订货成本和线性订货成本，分别构建了有限期和无限期下动态规划折扣总成本模型。证明了目标函数的 CK 凸性质，描述了系统的最优订货策略为状态依从的 X – Y 界限结构，并且提出了 X 和 Y 的界，从而给模型的计算带来了很大方便。此外，提出了针对性的动态规划算法，并通过数值例分析考察了系统参数对系统成本和最优决策的影响，得到的结论对管理者有一定的参考意义。例如，管理者不仅要考虑常规供应商的供货可靠性，其敏捷的应对突发事件的能力也是需要重点关注的。一般情况下，只有在备用供应商的供货能力特别弱的时候，系统成本对其才是敏感的，也即是说并不需要备选供应商的能力条件能够满足常规供应商中断期间的所有需求量。当从常规供应商正常供货时，备用供应商的价格对系统的最优决策以及成本的影响均较小，也即是说采用备用供应商应对供货中断风险不会给系统正常运行带来大的成本增加。

　　本书的研究结论指出反 S 型权重函数的引入可在一定条件下协调两级供应链，基于本书的研究，进一步证明供应链达到协调的理论条件将是很有意义的，然而反 S 型权重函数本身较为复杂，研究此课题将会面临很大的挑战。在长期运行的单供应商库存系统中，反 S 型权重函数的引入给库存管理者提出了新的订货策略，这部分内容可扩展为考虑双供应商的情形。除了文献中已有的一对一供应链系统（如崔等人），本书将横向公平性引入到一对二供应链系统，后续的研究可扩展为一对多的供应链系统，并分析供应链的协调情况。对于长期运行的双供应商周期性盘点库存系统，进一步刻画 $X - Y$ 界限策略的结构将会是很有挑战的工作，可以作为这部分后续内容以待开展。

参 考 文 献

［1］薛求知、黄佩燕、鲁直：《行为经济学》，复旦大学出版社 2003
年版。

［2］丁川、王开弘、冉戎：《基于公平偏好的营销渠道合作机制研究》，
载于《管理科学学报》2013 年第 16 期。

［3］赵晓波、黄四民：《库存管理》，清华大学出版社 2008 年版。

［4］马士华、李果：《供应商产出随机下基于风险共享的供应链协同
模型》，载于《计算机集成制造系统》2010 年第 16 期。

［5］彭红军、周梅华：《两级生产与需求不确定的供应链生产订购决
策》，载于《系统工程学报》2010 年第 25 期。

［6］朱琳、王圣东：《随机产出下两级供应链供需双方的博弈》，载于
《系统管理学报》2012 年第 20 期。

［7］陈俊霖、赵晓波：《反 S 型权重风险偏好对一类两级供应链的影
响》，载于《运筹与管理》2013 年第 2 期。

［8］杜少甫、朱贾昂、高冬、杜婵：《Nash 讨价还价公平参考下的供
应链优化决策》，载于《管理科学学报》2013 年第 16 期。

［9］K. Abbink, G. E. Bolton et al. Adaptive Learning Versus Punishment
in Ultimatum Bargaining. *Games & Economic Behavior*, Vol. 37, No. 1, 2001,
pp. 1 –25.

［10］M. Allais. Le comportement de l' homme rationnel devant le risque：
Critique des postulats et axiomes de l' école Américaine. *Econometrica*：*Journal
of the Econometric Society*, 1953, pp. 503 –546.

［11］R. Anupindi and R. Akella. Diversification under supply uncertain-
ty. *Management Science*, Vol. 39, No. 8, 1993, pp. 944 –963.

［12］K. Arifoglu and S. Ö zekici. Optimal policies for inventory systems
with finite capacity and partially observed Markov – modulated demand and sup-
ply processes. *European Journal of Operational Research*, Vol. 204, No. 3,

2010, pp. 421 – 438.

[13] M. Armstrong and S. Huck. *Behavioral economics as applied to firms: a primer*. CESifo, 2010.

[14] A. Arreola – Risa and G. DeCroix. Inventory management under random supply disruptions and partial backorders. *Naval Research Logistics*, Vol. 45, No. 7, 1998, pp. 687 – 703.

[15] Z. Atan and L. Snyder. Inventory Strategies to Manage Supply Disruptions. *Supply Chain Disruptions: Theory and Practice of Managing Risk*, Springer London, 2012, pp. 115 – 139.

[16] V. Babich, A. Burnetas and P. Ritchken. Competition and diversification effects in supply chains with supplier default risk. *Manufacturing & Service Operations Management*, Vol. 9, No. 2, 2007, pp. 123 – 146.

[17] S. Bar – Lev, M. Parlar and D. Perry. On the EOQ model with inventory-level-dependent demand rate and random yield. *Operations Research Letters*, Vol. 16, No. 3, 1994, pp. 167 – 176.

[18] E. Bendoly, K. Donohue and K. Schultz. Behavior in operations management: assessing recent findings and revisiting old assumptions. *Journal of Operations Management*, Vol. 24, No. 6, 2006, pp. 737 – 752.

[19] E. Berk and A. Arreola – Risa. Note on "Future supply uncertainty in EOQ models". *Naval Research Logistics (NRL)*, Vol. 41, No. 1, 1994, pp. 129 – 132.

[20] G. Biele. Explaining Cooperation in Groups: Testing Models of Reciprocity and Learning. *Organizational Behavior & Human Decision Processes*, Vol. 106, No. 2, 2008, pp. 89 – 105.

[21] Z. Bokhari. London riots: music industry in crisis after Sony warehouse burnt down. Times online. August 10th, 2011.

[22] S. Bollapragada and T. E. Morton. Myopic heuristics for the random yield problem. *Operations Research*, Vol. 47, No. 5, 1999, pp. 713 – 722.

[23] C. Brindley. *Supply chain risk*. Ashgate Publishing, Aldershot, United Kingdom, 2004.

[24] G. Cachon. Supply chain coordination with contracts. *Handbooks in operations research and management science*, Vol. 11, No. 11, 2003, pp. 229 – 340.

[25] O. Caliskan – Demirag, Y. Chen and J. Li. Channel coordination un-

der fairness concerns and nonlinear demand. *European Journal of Operational Research*, Vol. 207, No. 3, 2010, pp. 1321 – 1326.

［26］ C. Camerer. Bounded rationality in individual decision making. *Experimental Economics*, Vol. 1, No. 2, 1998, pp. 163 – 183.

［27］ C. Camerer, G. Loewenstein and M. Rabin. *Advances in behavioral economics* /. Russell Sage Foundation, 2004.

［28］ C. Camerer and R. Thaler. Anomalies: ultimatums, dictators and manners. *The Journal of Economic Perspectives*, Vol. 9, No. 2, 1995, pp. 209 – 219.

［29］ J. Chen, D. Yao and S. Zheng. Optimal replenishment and rework with multiple unreliable supply sources. *Operations Research*, 2001, pp. 430 – 443.

［30］ J. Chen, X. Zhao and Z. J. Shen. Risk mitigation benefit from backup suppliers in the presence of the horizontal fairness concern? *Decision Sciences*, Vol. 46, No. 4, 2015, pp. 663 – 696.

［31］ J. Chen, X. Zhao and Y. Zhou. A periodic-review inventory system with a capacitated backup supplier for mitigating supply disruptions. *European Journal of Operational Research*, Vol. 219, No. 2, 2012, pp. 312 – 323.

［32］ T. Cheong and C. C. White. Inventory replenishment control under supply uncertainty. *Annals of Operations Research*, Vol. 208, No. 1, 2013, pp. 581 – 592.

［33］ S. Chopra and M. Sodhi. Supply-chain breakdown. *MIT Sloan management review*, 2004. pp. 53 – 61.

［34］ F. Ciarallo, R. Akella and T. Morton. A periodic review, production planning model with uncertain capacity and uncertain demand-optimality of extended myopic policies. *Management Science*, Vol. 40, No. 3, 1994, pp. 320 – 332.

［35］ D. J. Cooper and C. K. Stockman. Fairness and learning: an experimental examination. *Games & Economic Behavior*, Vol. 41, No. 1, 2002, pp. 26 – 45.

［36］ T. H. Cui, J. S. Raju and Z. J. Zhang. Fairness and Channel Coordination. *Management Science*, Vol. 53, No. 8, 2007, pp. 1303 – 1314.

［37］ M. Dada, N. Petruzzi and L. Schwarz. A newsvendor' s procurement problem when suppliers are unreliable. *Manufacturing & Service Operations Man-*

agement, Vol. 9, No. 1, 2007, pp. 9 – 32.

[38] E. Diecidue, U. Schmidt and H. Zank. Parametric weighting functions. *Journal of Economic Theory*, Vol. 144, No. 3, 2009, pp. 1102 – 1118.

[39] J. H. Dyer. Effective interim collaboration: how firms minimize transaction costs and maximise transaction value. *Strategic Management Journal*, Vol. 18, No. 7, 1997, pp. 535 – 556.

[40] R. Eglin. Can suppliers bring down your firm? *Sunday Times (London)*, 2003, p. 6.

[41] R. Ehrhardt and L. Taube. An inventory model with random replenishment quantities. *International Journal of Production Research*, Vol. 25, No. 12, 1987, pp. 1795 – 1803.

[42] I. Erev and E. Haruvy. Generality, repetition, and the role of descriptive learning *models. Journal of Mathematical Psychology*, Vol. 49, No. 5, 2005, pp. 357 – 371.

[43] I. Erev and A. E. Roth. Predicting how people play games: Reinforcement learning in experimental games with unique, mixed strategy equilibria. *American Economic Review*, Vol. 88, No. 4, 1998, pp. 848 – 881.

[44] A. Federgruenand N. Yang. Optimal supply diversification under general supply risks. *Operations Research*, Vol. 57, No. 6, 2009, pp. 1451 – 1468.

[45] E. Fehr, A. Klein and K. Schmidt. Fairness and contract design. *Econometrica*, Vol. 75, No. 1, 2007, pp. 121 – 154.

[46] E. Fehr and K. Schmidt. A theory of fairness, competition, and cooperation. *The Quarterly Journal of Economics*, Vol. 114, No. 3, 1999, pp. 817.

[47] E. Fehr and K. M. Schmidt. A theory of fairness, competition, and cooperation. *Quarterly Journal of Economics*, Vol. 114, No. 3, 1999, pp. 817 – 868.

[48] E. Fehr and K. M. Schmidt. Theories of fairness and reciprocity-evidence and economic applications. *Advances in Economics and Econometrics*, Vol. 1, No. 75, 2003, pp. 208 – 257.

[49] R. Forsythe, J. Horowitz et al. Fairness in simple bargaining experiments. *Games and Economic behavior*, Vol. 6, No. 3, 1994, pp. 347 – 369.

[50] C. Fox and A. Tversky. A belief-based account of decision under un-

certainty. *Management Science*, 1998, pp. 879 – 895.

[51] G. Gallego and H. Hu. Optimal policies for Production/Inventory systems with finite capac-ity and Markov-modulated demand and supply processes. *Annals of Operations Research*, Vol. 126, No. 1, 2004, pp. 21 – 41.

[52] G. Gallego and A. Scheller – Wolf. Capacitated inventory problems with fixed order costs: Some optimal policy structure. *European Journal of Operational Research*, Vol. 126, No. 3, 2000, pp. 603 – 613.

[53] X. Gan, S. Sethi and H. Yan. Coordination of supply chains with risk-averse agents. *Supply Chain Coordination under Uncertainty*, 2011, pp. 3 – 31.

[54] F. Gino and G. Pisano. *Toward a theory of behavioral operations*. Division of Research, Harvard Business School, 2007.

[55] B. Giri. Managing inventory with two suppliers under yield uncertainty and risk aversion. *International Journal of Production Economics*, Vol. 133, No. 1, 2011, pp. 80 – 85.

[56] R. Gonzalez and G. Wu. On the shape of the probability weighting function. *Cognitive psychology*, Vol. 38, No. 1, 1999, pp. 129 – 166.

[57] D. Greising and J. Johnsson. Behind Boeing's 787 Delays. *Chicago Tribune*, December, Vol. 8, 2007.

[58] A. Grosfeld – Nir and Y. Gerchak. Multiple lotsizing in production to order with random yields: review of recent advances. *Annals of Operations Research*, Vol. 126, No. 1, 2004, pp. 43 – 69.

[59] W. Güth, M. Königstein et al. Fairness Within Firms: The Case Of One Principal And Multiple Agents. *Schmalenbach Business Review*, Vol. 53, No. 2, 2001, pp. 82 – 101.

[60] M. Gumus, S. Ray and H. B. Gurnani. Supply side story: risks, guarantees, competition and information asymmetry. *Management Science*, Forthcoming, 2010.

[61] D. Gupta. The (Q, r) inventory system with an unreliable supplier. *INFOR*, Vol. 34, No. 2, May 1996, pp. 59 – 76.

[62] M. G. Gürler and T. Bilgic. On coordinating an assembly system under random yield and random demand. *European journal of operational research*, Vol. 196, No. 1, 2009, pp. 342 – 350.

[63] Ü. Gürler and M. Parlar. An inventory problem with two randomly avail-

able suppliers. *Operations Research*, Vol. 45, No. 6, 1997, pp. 904 – 918.

[64] H. Gurnani, R. Akella and J. Lehoczky. Supply management in assembly systems with random yield and random demand. *IIE Transactions*, Vol. 32, No. 8, 2000, pp. 701 – 714.

[65] H. Gurnani and Y. Gerchak. Coordination in decentralized assembly systems with uncertain component yields. *European Journal of Operational Research*, Vol. 176, No. 3, 2007, pp. 1559 – 1576.

[66] H. Gurnani, A. Mehrotra and S. Ray. *Supply chain disruptions: theory and practice of managing risk.* Springer Verlag, 2011.

[67] W. Güth, M. Königstein et al. Fairness within firms: the case of one principal and multiple agents. *Schmalenbach Business Review*, Vol. 53, No. 2, 2001, pp. 82 – 101.

[68] W. Güth, R. Schmittberger and B. Schwarze. An experimental analysis of ultimatum bar-gaining. *Journal of Economic Behavior & Organization*, Vol. 3, No. 4, 1982, pp. 367 – 388.

[69] Y. He and J. Zhang. Random yield risk sharing in a two-level supply chain. *International Journal of Production Economics*, Vol. 112, No. 2, 2008, pp. 769 – 781.

[70] D. Heimann and F. Waage. A closed-form approximation solution for an inventory model with supply disruptions and non – ZIO reorder policy. Journal of *Systemics Cybernetics & Informatics*, Vol. 5, No. 4, 2007.

[71] M. Henig and Y. Gerchak. The structure of periodic review policies in the presence of random yield. *Operations Research*, 1990, pp. 634 – 643.

[72] M. Henig and Y. Gerchak. A flexible conceptualization of random yield and its implications for source selection. *Proceedings of the First Conference of the ORSA Technical Section on Manufacturing Management.* 1994, pp. 133 – 139.

[73] T. Ho and X. Su. Peer-induced fairness in games. *The American Economic Review*, Vol. 99, No. 5, 2009, pp. 2022 – 2049.

[74] T. H. Ho, X. Su and Y. Wu. Distributional and Peer – Induced Fairness in Supply Chain Contract Design. *Production & Operations Management*, Vol. 23, No. 2, 2014, p. 161 – 175.

[75] A. Hsu and Y. Bassok. Random yield and random demand in a produc-

tion system with downward substitution. *Operations Research*, 1999, pp. 277 – 290.

[76] W. T. Huh and M. Nagarajan. Linear inflation rules for the random yield problem: analysis and computations. *Operations Research*, Vol. 58, No. 1, 2010, pp. 244 –251.

[77] S. Humphrey and A. Verschoor. The probability weighting function: experimental evidence from Uganda, India and Ethiopia. *Economics Letters*, Vol. 84, No. 3, 2004, pp. 419 –425.

[78] K. Inderfurth and J. Clemens. The *effects* of wholesale price contracts for supply chain coor-dination under stochastic yield. *Operations Research Proceedings* 2010: *Selected Papers of the Annual International Conference of the German Operations Research Soceity*. Springer Verlag, 2011, p. 447.

[79] K. Inderfurth and S. Vogelgesang. Concepts for safety stock determination under stochastic demand and *different* types of random production yield. *working paper*, 2011.

[80] U. Jüttner. Supply chain risk management: understanding the business requirements from a practitioner perspective. *The International Journal of Logistics Management*, Vol. 16, No. 1, 2005, pp. 120 – 141.

[81] U. Jüttner, H. Peck and M. Christopher. Supply chain risk management: outlining an agenda for future research. *International Journal of Logistics Research and Applications*, Vol. 6, No. 4, 2003, pp. 197 –210.

[82] J. Kagel, C. Kim and D. Moser. Fairness in ultimatum games with asymmetric information and asymmetric payoffs. *Games and Economic Behavior*, Vol. 13, 1996, pp. 100 – 110.

[83] J. H. H. Kagel and A. Roth. *The handbook of experimental economics*. Princeton university press, 1995.

[84] D. Kahneman. Maps of bounded rationality: Psychology for behavioral economics. *The American economic review*, Vol. 93, No. 5, 2003, pp. 1449 – 1475.

[85] D. Kahneman, J. Knetsch and R. Thaler. Fairness and the assumptions of economics. *Jour-nal of business*, 1986, pp. 285 – 300.

[86] D. Kahneman and A. Tversky. Prospect theory: An analysis of decision under risk. *Econo-metrica: Journal of the Econometric Society*, 1979, pp. 263 – 291.

［87］ D. Kahneman and A. Tversky. Advances in prospect theory: Cumulative representation of uncertainty. *Journal of Risk and Uncertainty*, Vol. 5, No. 4, 1992, pp. 297 – 323.

［88］ S. Kalpakam and K. Sapna. Continuous review (s, S) inventory system with random life-times and positive leadtimes. *Operations Research Letters*, Vol. 16, No. 2, 1994, pp. 115 – 119.

［89］ S. Karlin. One stage inventory models with uncertainty. *Studies in the mathematical theory of inventory and production*, 1958, pp. 109 – 135.

［90］ E. Katok, T. Olsen and V. Pavlov. Wholesale Pricing under Mild and Privately Known Concerns for Fairness. *Production & Operations Management*, Vol. 23, No. 2, 2014, p. 285 – 302.

［91］ E. Katok and D. Wu. Contracting in supply chains: A laboratory investigation. *Management Science*, Vol. 55, No. 12, 2009, pp. 1953 – 1968.

［92］ B. Keren. The single-period inventory problem: Extension to random yield from the perspective of the supply chain. *Omega*, Vol. 37, No. 4, 2009, pp. 801 – 810.

［93］ S. Kimes. Yield management: a tool for capacity-considered service firms. *Journal of Operations Management*, Vol. 8, No. 4, 1989, pp. 348 – 363.

［94］ A. Klein. Fairness and contract design. *Econometrica*, 2005, pp. 121 – 154.

［95］ V. Kobberling and H. Peters. The *effect* of decision weights in bargaining problems. *Journal of economic theory*, Vol. 110, No. 1, 2003, pp. 154 – 175.

［96］ M. Königstein, J. Kovács and E. Zala – Mezö. Fairness in a one-principal-two-agents game-a post-experimental questionnaire analysis. *Journal of economic psychology*, Vol. 24, No. 4, 2003, pp. 491 – 503.

［97］ H. Lee. The triple – A supply chain. *Harvard business review*, Vol. 82, No. 10, 2004, pp. 102 – 113.

［98］ J. Li, S. Wang and T. Cheng. Competition and cooperation in a single-retailer two-supplier supply chain with supply disruption. *International Journal of Production Economics*, Vol. 124, No. 1, 2010, pp. 137 – 150.

［99］ Q. Li, H. Xu and S. Zheng. Periodic-review inventory systems with random yield and demand: Bounds and heuristics. *IIE Transactions*, Vol. 40, No. 4, 2008, pp. 434 – 444.

[100] Z. Li, S. Xu and J. Hayya. A periodic-review inventory system with supplyinterruptions. *Probability in the Engineering and Informational Sciences*, Vol. 18, No. 1, 2004, pp. 33 – 53.

[101] L. Liao, Y. Wu and G. Sun. Contract coordination for a two-stage supply chain with random yield. *Computer Integrated Manufacturing Systems*, Vol. 16, No. 8, 2010, pp. 1733 – 1741.

[102] X. Liu and S. Cetinkaya. The supplier-buyer integrated production-inventory model with random yield. *International Journal of Production Research*, Vol. 49, No. 13, 2011, pp. 4043 – 4061.

[103] C. Loch andY. Wu. *Behavioral operations management*, Vol. 1, Now Pub, 2007.

[104] M. Lu, S. Huang and Z. Shen. Product substitution and dual sourcing under random supply failures. *Transportation Research Part B: Methodological*, Vol. 45, No. 8, 2011, pp. 1251 – 1265.

[105] T. Mart, S. Duran and S. Bakal. Tactical inventory and backorder decisions for systems with predictable production yield. *International Journal of Production Economics*, Vol. 143, No. 2, 2013, pp. 294 – 303.

[106] A. Mesoudi. An experimental comparison of human social learning strategies: payoff-biased social learning is adaptive but underused. *Evolution & Human Behavior*, Vol. 32, No. 5, 2011, pp. 334 – 342.

[107] E. Mohebbi. Supply interruptions in a lost-sales inventory system with random leadtime. *Computers & Operations Research*, Vol. 30, No. 3, 2003, pp. 411 – 426.

[108] K. Moinzadeh and H. Lee. A continuous-review inventory model with constant resupply time and defective items. *Naval Research Logistics (NRL)*, Vol. 34, No. 4, 1987, pp. 457 – 467.

[109] R. Muthukrishnan and J. Shulman. Understanding supply chain risk: A McKinsey global survey. *McKinsey Quarterly*, 2006.

[110] S. Nahmias. *Production and operations analysis*, Vol. 6. McGraw – Hill Boston, MA, 2009.

[111] S. Nahmias and K. Moinzadeh. Lot sizing with randomly graded yields. *Operations research*, Vol. 45, No. 6, 1997, pp. 974 – 986.

[112] A. Okun. *Prices and quantities: A macroeconomic analysis*. Brookings

Inst Pr, 1981.

[113] A. Olmstead and P. Rhode. Rationing without government: The west coast gas famine of 1920. *The American Economic Review*, Vol. 75, No. 5, 1985, pp. 1044 – 1055.

[114] T. C. Salmon. An evaluation of econometric models of adaptive learning, *Econometrica*, 2001, Vol. 69, No. 6, pp. 1597 – 1628.

[115] S. Özekici and M. Parlar. Inventory models with unreliable suppliers in a random environment. *Annals of Operations Research*, Vol. 91, 1999, pp. 123 – 136.

[116] M. Parlar and D. Berkin. Future supply uncertainty in EOQ models. *Naval Research Logistics (NRL)*, Vol. 38, No. 1, 1991, pp. 107 – 121.

[117] M. Parlar and D. Perry. Inventory models of future supply uncertainty with single and multiple suppliers. *Naval Research Logistics (NRL)*, Vol. 43, No. 2, 1996, pp. 191 – 210.

[118] M. Parlar and D. Wang. Diversification under yield randomness in inventory models. *Euro-pean journal of operational research*, Vol. 66, No. 1, 1993, pp. 52 – 64.

[119] M. Parlar, Y. Wang and Y. Gerchak. A periodic review inventory model with Markovian supply availability. *International Journal of Production Economics*, Vol. 42, No. 2, 1995, pp. 131 – 136.

[120] V. Polkovnichenko and F. Zhao. Probability weighting functions implied by options prices. Vol. 107, No. 3, 2013, pp. 580 – 609.

[121] D. Prelec. The probability weighting function. *Econometrica*, 1998, pp. 497 – 527.

[122] L. Qi, Z. Shen and L. Snyder. The effect of supply disruptions on supply chain design decisions. *Transportation Science*, Vol. 44, No. 2, 2010, pp. 274 – 289.

[123] R. Ranjan and J. Shogren. How probability weighting affects participation in water markets. *Water resources research*, Vol. 42, No. 8, 2006, pp. 1 – 10.

[124] A. E. Roth and I. Erev. Learning in extensive-form games: Experimental data and simple dynamic models in the intermediate term *. *Games & Economic Behavior*, Vol. 8, No. 1, 1995, pp. 164 – 212.

[125] H. Scarf. The Optimality of (s, S) Policies in the Dynamic Inventory Problem. *Optimal pricing, inflation, and the cost of price adjustment*, Mit Press, 1993.

[126] A. Schmitt and L. Snyder. Infinite-horizon models for inventory control under yield un-certainty and disruptions. *Computers & Operations Research*, Vol. 39, No. 4, 2012, pp. 850 – 862.

[127] A. Schmitt, L. Snyder and Z. Shen. Inventory systems with stochastic demand and supply: Properties and approximations. *European Journal of Operational Research*, Vol. 206, No. 2, 2010, pp. 313 – 328.

[128] M. Schweitzer and G. Cachon. Decision bias in the newsvendor problem with a known demand distribution: Experimental evidence. *Management Science*, Vol. 46, No. 3, 2000, pp. 404 – 420.

[129] C. Shaoxiang. The infinite horizon periodic review problem with set-up costs and capacity constraints: A partial characterization of the optimal policy. *Operations Research*, Vol. 52, No. 3, 2004, pp. 409 – 421.

[130] C. Shaoxiang and M. Lambrecht. X – Y band and modified (s, S) policy. *Operations research*, Vol. 44, No. 6, 1996, pp. 1013 – 1019.

[131] Y. Sheffi. The resilient enterprise: overcoming vulnerability for competitive advantage. *MIT Press Books*, Vol. 1, No. 1, 2005, pp. 41 – 48.

[132] W. Shih. Optimal inventory policies when stockouts result from defective products. *Inter-national Journal of Production Research*, Vol. 18, No. 6, 1980, pp. 677 – 686.

[133] E. Silver. Establishing the order quantity when the amount received is uncertain. *Infor*, Vol. 14, No. 1, 1976, pp. 32 – 39.

[134] L. Snyder. A tight approximation for a continuous-review inventory model with supply disruptions. Tech. rep. , Citeseer, 2006.

[135] L. Snyder, Z. Atan et al. OR/MS models for supply chain disruptions: a review. *Ssrn Electronic Journal*, Vol. 48, No. 2, 2010.

[136] M. S. Sodhi and C. S. Tang. *Managing supply chain risk*. Boston, MA: Springer US, 2012.

[137] J. Song and P. Zipkin. Inventory control with information about supply conditions. *Management Science*, Vol. 42, No. 10, 1996, pp. 1409 – 1419.

[138] R. Suleiman. Expectations and fairness in a modified ultimatum

game. *Journal of Economic Psychology*, Vol. 17, No. 5, 1996, pp. 531 – 554.

[139] C. Tang. Perspectives in supply chain risk management. *International Journal of Production Economics*, Vol. 103, No. 2, 2006, pp. 451 – 488.

[140] Z. Tao, S. X. Zhou and C. S. Tang. Managing a remanufacturing system with random yield: properties, observations, and heuristics. *Production and Operations Management*, Vol. 21, No. 5, 2012, pp. 797 – 813.

[141] V. Tilson. Monotonicity properties of wholesale price contracts. *Mathematical Social Sci-ences*, Vol. 56, No. 1, 2008, pp. 127 – 143.

[142] P. Toktas – Palut and F. Ulengin. Coordination in a two-stage capacitated supply chain with multiple suppliers. *European Journal of Operational Research*, Vol. 212, No. 1, 2011, pp. 43 – 53.

[143] B. Tomlin. On the value of mitigation and contingency strategies for managing supply chain disruption risks. *Management Science*, Vol. 52, No. 5, 2006, pp. 639 – 657.

[144] B. Tomlin. Impact of supply learning when suppliers are unreliable. *Manufacturing & Service Operations Management*, Vol. 11, No. 2, 2009, pp. 192 – 209.

[145] A. Tsay. The quantity flexibility contract and supplier-customer incentives. *Management Science*, Vol. 45, No. 10, 1999, pp. 1339 – 1358.

[146] A. Tversky and C. Fox. Weighing risk and uncertainty. *Psychological Review*, Vol. 102, No. 2, 1995, pp. 269 – 283.

[147] A. Tversky and D. Kahneman. Advances in prospect theory: Cumulative representation of uncertainty. *Journal of Risk and Uncertainty*, Vol. 5, No. 4, 1992, pp. 297 – 323.

[148] A. Tversky and P. Wakker. Risk attitudes and decision weights. *Econometrica: Journal of the Econometric Society*, Vol. 63, No. 6, 1995, pp. 1255 – 1280.

[149] J. Van Mieghem. Risk mitigation in newsvendor networks: Resource diversification, flexi-bility, sharing, and hedging. *Management Science*, Vol. 53, No. 8, 2007, pp. 1269 – 1288.

[150] Y. Wang and Y. Gerchak. Periodic review production models with variable capacity, random yield, and uncertain demand. *Management Science*, 1996, pp. 130 – 137.

［151］ Y. Wang and Y. Gerchak. Supply chain contracting and coordination with shelf-space-dependent demand. *Supply Chain Management: Models, Applications, and Research Di-rections*, 2005, pp. 137 – 162.

［152］ Y. Wang, W. Gilland and B. Tomlin. Mitigating supply risk: Dual sourcing or process im-provement? *Manufacturing & Service Operations Management*, Vol. 12, No. 3, 2010, pp. 489 – 510.

［153］ D. Whybark and J. Williams. Material requirements planning under uncertainty. *Decision Sciences*, Vol. 7, No. 4, 1976, pp. 595 – 606.

［154］ G. Wu and R. Gonzalez. Curvature of the probability weighting function. *Management Science*, Vol. 42, No. 12, 1996, pp. 1676 – 1690.

［155］ H. Xu. Managing production and procurement through option contracts in supply chains with random yield. *International Journal of Production Economics*, Vol. 126, No. 2, 2010, pp. 306 – 313.

［156］ X. Yan and K. Liu. Optimal policies for inventory systems with discretionary sales, random yield and lost sales. Acta Mathematicae Applicatae Sinica (English Series), Vol. 26, No. 1, 2010, pp. 41 – 54.

［157］ Z. Yang, G. Aydın et al. Supply disruptions, asymmetric information, and a backup produc-tion option. *Management Science*, Vol. 55, No. 2, 2009, pp. 192 – 209.

［158］ C. Yano and H. Lee. Lot sizing with random yields: A review. *Operations Research*, Vol. 43, No. 2, 1995, pp. 311 – 334.

［159］ X. Zhang and Y. Gerchak. Joint lot sizing and inspection policy in an EOQ model with random yield. *IIE transactions*, Vol. 22, No. 1, 1990, pp. 41 – 47.

［160］ P. Zipkin. *Foundations of inventory management*, Vol. 2. McGraw – Hill Boston, MA, 2000.

［161］ G. Zsidisin, A. Panelli and R. Upton. Purchasing organization involvement in risk assessments, contingency plans, and risk management: an exploratory study. *Supply Chain Management: An International Journal*, Vol. 5, No. 4, 2000, pp. 187 – 198.

［162］ G. A. Zsidisin. Managerial perceptions of supply risk. *Journal of Supply Chain Management*, Vol. 39, No. 1, 2003, pp. 14 – 26.